教養として知っておきたい映画の世界

The World of Cinema
as Education

映画パーソナリティ／エンタメ評論家
コトブキツカサ

日本実業出版社

はじめに　映画はエンターテインメントの中心なのか？

●さまざまなコンテンツとの生き残り競争をしている映画業界

１８９５年12月、フランス・パリのグラン・カフェで、リュミエール兄弟が初めて観客から入場料金を取って映画を上映しました。これが世界初の〝映画興行〟といわれています。

その後、アメリカ・ハリウッドを中心に世界的発展と変化を繰り返し、約１３０年の時を経て現在に至ります。

〝キング・オブ・エンタメ〟と呼ばれた映画業界は、変革期のただなかにいます。

誰にとっても平等で有限な資源である「時間」を奪い合うために、さまざまな業界がしのぎを削り、多様なエンタメコンテンツを提供しています。

昔は「劇場での映画鑑賞に費やされていた時間」が、スマートフォンで多彩な娯楽ジャンルを楽しむ時間にシフトしているのです。

映画の鑑賞法も、amazon prime video、Netflix、Hulu、Disney＋、U-NEXTなどの登場により、手軽にストリーミングで観られるようになりました。

しかし、それは「映画を劇場で体験する」という、贅沢で特別な時間とは違った楽しみ方です。

〝エンタメの飽食時代〟といえる現在、映画業界はさまざまなコンテンツとの生き残りをかけた競争をしている真っ最中なのです。

●過去の教訓から何を見出していくべきか

かつて日本映画界には**五社協定**というシステムが存在しました。

大手映画会社の松竹、東映、東宝、大映、新東宝（後に日活も参加。新東宝は倒産）の5社が、1953年、各社専属の監督と俳優を、他社に貸さない、借りない、引き抜かないという協定に調印したのです。

具体的には、映画会社5社からテレビへの映画提供を打ち切り、自社に所属する俳優のテレビドラマなどへの出演を原則禁止としました。

これは急速に力をつけてきたテレビ業界に対する危機感のあらわれであり、映画会社の既得権を守ることが目的でした。

こうした措置を受けたテレビ局は、必然的に海外から映画やドラマを輸入する機会を増やすことになったと同時に、自主制作ドラマに劇団俳優などをキャスティングすることになり、結果としてテレビ局の制作能力が向上しました。

そして、一般家庭へのテレビの急速な普及やテレビ業界の成長と逆行するように、日本映画界は斜陽化し、五社協定は１９７１年に崩壊したのです。

当時の大手映画会社は、利益とメンツを守ることを優先した協定で業界を守ろうとし、結果、業界に影を落とした――。

１９７０年代よりも多数のエンタメコンテンツが量産されている現在、僕は五社協定が既得権を守ろうとして逆に力を失った経験から学ぶところがあるような気がしてなりません。

●新しい視点が加わるとエンタメはもっと面白くなる！

この本は、映画に興味を持つ次のような幅広い方々のために書きました。

①映画鑑賞が趣味の人
たくさん作品数があって何から観ればいいかわからないサブスクユーザー
から劇場に足を運んで新作をしっかり鑑賞するヘビーユーザーまで
②映画を中心としたエンタメ業界に関心のある人や関係者
③幅広い知識や会話の引き出しを増やしたい人

このうち、「映画に関係する仕事をしたい」と思われている方にお伝えしたいことがあります。

それは、内向きのドメスティックな競争に未来はないということです。

それぞれの映画会社が公開する作品の比較や競争も大事ですが、映画業界が競い合うのは、スマホゲームであり、ＳＮＳであり、マッチングアプリだからです。

こうした背景を踏まえて、本書はあえて映画業界だけでなく、その周辺にあるアミューズメント・システムの内情も織り交ぜながら解説しています。

これらを知ることにより、エンタメは数倍面白くなるはずですし、映画の味わい方も深みが増すはずです。

「最近まったく映画を観ていない」という人はいるかもしれませんが、「映画が嫌いだ」という人を僕は知りません。

読後に少しでも**「映画が観たくなった！」**と思ってくれたなら、映画中毒の僕としては望外の喜びです。

教養として知っておきたい映画の世界　目次

第3章 映画の歴史を変えた10作品

僕の大好きな映画エピソード

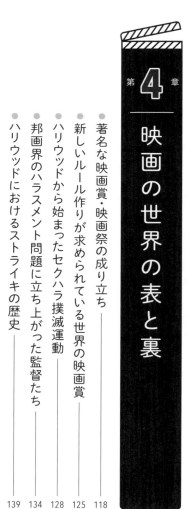

第4章 映画の世界の表と裏

第6章 映画にまつわる個人的文化資源

付録

コトブキツカサの追憶
映画人との個人的エピソード

ブックデザイン／沢田幸平（happeace）　イラスト／市村 譲　DTP／一企画

第1章

商業映画の誕生と発展

サイレント映画からトーキー映画への変革

●音声トラックが存在しない無声の世界から映画は始まった

19世紀後期に映画という文化が誕生しましたが、その発明以来、約40年間は**サイレント**（**無声**）**映画**しか存在しませんでした。

サイレント映画のフィルム撮影には音声トラックが存在しませんでした。**「月世界《げっせかい》旅行」**（1902）、**「大列車強盗」**（1903）など、初期のサイレント作品の映像やバスター・キートンやチャールズ・チャップリンの映画を思い出す読者の方も多いと思います。日本でも、小津安二郎や溝口健二、成瀬巳喜男《みきお》など、多くの監督たちがサイレント映画を制作していました。

●すべてを変えたトーキーの代表作「ジャズ・シンガー」

そんな映画界に新風を吹き込んだのが**トーキー映画**です。

トーキーとは映像と音声が同期したもので、それまで実験映画として短編などが制作されていましたが、時代を大きく変えたのが長編映画として世界初のトーキーといわれている1927年10月に公開された**「ジャズ・シンガー」**です。

ユダヤ人の少年ジェイキーが父親に反対されながらもジャズシンガーとして生きていく物語は、初のトーキー映画という話題性だけでなく、作品自体が評価されて興行的にも大成功しました。


ちなみにデイミアン・チャゼル監督作**「バビロン」**（2023）は、1920年代以降のハリウッド黄金期を描いていますが、劇中で「ジャズ・シンガー」を観た青年マニー・トレス（ディエゴ・カルバ）が、サイレント映画のトップスターであるジャック・コンラッド（ブラッド・ピット）に電話するシーンがあります。

ジャックがマニーに「ジャズ・シンガー」の感想を電話越しで聞くと、彼は興奮しながら、「すべてが変わる！」と告げるのです。

●夜明け前の狂乱と切なさを描いている「バビロン」

作品への賛否は分かれるとは思いますが、映画「バビロン」はハリウッド黄金時代の「狂乱」と「欲望」と「魔法」を煮詰めた怪作です。

1930年代にジャマイカの労働者階級や農民を中心に発生した思想運動「ラスタファリアニズム」の実践者が使うラスタ用語において、「バビロン」という言葉は、「システム」「国家」「権力」という意味と同時に「ふざけた社会」という意味もあるといいます。

映画「バビロン」は、デイミアン・チャゼル監督がサイレントからトーキーへ移り変わる時代のハリウッドに贈った**レクイエム・ムービー**なのです。

時代とともに変化する映画界のムーブメント①

「映画セットは世界で最も魔法に満ちた場所」という台詞が、前述した映画「バビロン」に出てきます。

魔法を使うように観客を異世界に誘う映画には、制作者の個性豊かな思いが詰まっています。そして、完成した作品によってさまざまなムーブメントが生まれ、映画の新たなジャンルが時代の流れの中で誕生していきます。

ここでは、映画界の潮流をハリウッドを中心に振り返っていくことにします。

●写真から動画、そして映画へ

19世紀後半から、フランスの生理学者ジュール・マレー、アメリカの写真家エドワード・マイブリッジ、ドイツの写真家オットマール・アンシュッツなどが、**写真**

技術を応用した動画の研究をしていました。

その研究を土台に、1890年、アメリカの発明家トーマス・エジソンが考案したのが**キネトスコープ**と呼ばれる、1人で鑑賞するタイプの映写機の原型です。

その後、フランスの発明家リュミエール兄弟が1895年に開発した**シネマトグラフ**（撮影用カメラと映写機を一体化させたもの）によって、現在のように、スクリーンに映し出された映像を多くの人々が観られるようになりました。

日本では、1896年に、神戸でエジソン開発のキネトスコープによる映像の一般公開があったという記録があります。

当時の日本は、そうした映像を映画ではなく**活動写真**と呼んでおり、今でいう映画館は**活動部屋**と呼ばれていたそうです。そのため、無声映画を解説する人たちを日本では**活動弁士**と呼んでいたのです。

ちなみに、日本で初めて制作された活動写真は、浅野四郎という撮影技師による**「浅草仲見世」**などの実写作品で、1899年に東京歌舞伎座で上映されたようです。

●制作者の個性豊かな世界観によって新たなジャンルが誕生していく

世界で初めて「物語」として構成された記念すべき映画作品に、フランスのサイレント映画**「月世界旅行」**（1902）があります。

同作品は世界で初めて複数のシーンで構成されていますが、SF小説の生みの親ともいわれるジュール・ヴェルヌのSF小説『月世界旅行』などから着想を得ているため、世界初の**SF映画**でもあります。

同作により、監督のジョルジュ・メリエス監督（元マジシャン）は、映画史を語る上での重要人物となりました。

翌1903年にはアメリカのサイレント映画**「大列車強盗」**（エドウィン・ポーター監督）が公開されます。こちらはカウボーイや馬などが登場する世界初の**西部劇**とされています。

1906年には、黒板に描いた絵を少しずつ動かして撮影するストップモーションという技法を使った世界初の**アニメーション映画「愉快な百面相」**（ジェームズ・スチュアート・ブラックトン監督）がアメリカで誕生します。

「大列車強盗」の上映時間は約10分、「愉快な百面相」は約3分と、いわゆる上映時間の短いショートフィルムになります。

20世紀に入り、アメリカではショートフィルムを上映する小規模で庶民的な**ニッケルオデオン**と呼ばれる映画館が話題となりました。ニッケルとは5セント硬貨、オデオンはギリシャ語で屋根付きの劇場のことです。

ニッケルオデオンで上映されていたショートフィルム文化をベースに、若い映像作家たちが新しい映画文化を求めて西海岸で活動をはじめ、それが後の映画産業の中心地であるハリウッドの誕生へとつながっていきます。

1920年には、チャールズ・チャップリン、バスター・キートン、ハロルド・ロイドの世界三大喜劇王が制作に携わる**コメディ映画**というジャンルが確立されます。

しかし、ひとくちに「コメディ映画」といっても、三者の作風はそれぞれ異なります。

チャップリンはドタバタ喜劇と見せかけたその先に悲哀を込めた政治的メッセージを織り込み、キートンは独自の**ストーンフェイス**（無表情という名の顔芸）でハッピーエンドとなる作品が多く、笑いの引き出しが多いロイドは伏線を含んだ「計算された笑い」を観客に提供しました。

余談ですが、シネフィル（映画通という意味のフランス語）で有名な俳優ジャッキー・チェンはロイドのファンを公言しており、自身の主演映画ではロイド作品のオマージュ・シーンが何度も登場します。

一方、ソビエト連邦（現ロシア）では、世界初の国立映画学校を設立して、**映画実験工房**というワークショップの運営を始め、後に**「戦艦ポチョムキン」**（1925）が完成します。

ドイツでは、第一次世界大戦によってもたらされたニヒリズムの影響を受けた、個人的欲求を解放させる芸術運動・ダダイズムの流れからドイツ表現主義として映画芸術運動が盛んになります。この潮流から、1926年にSF映画の金字塔**「メトロポリス」**が完成します。

翌1927年、アメリカでは15ページで紹介した**「ジャズ・シンガー」**が大ヒット。この興行的成功が映画産業を後押しするかのように、世界初のオール・トーキー長編映画**「紐育《ニューヨーク》の灯《ひ》」**が1928年に公開されるに至ります。

●映像＋音声による表現方法の広がりでジャンルがさらに多彩に

無声のサイレント映画から、音声を導入したトーキー映画に切り替わるタイミングで登場したのが**トーキー・アニメーション映画**です。

ミッキー・マウスとミニー・マウスのデビュー作ともいわれているディズニーの短編映画**「蒸気船ウィリー」**（1928）も、誕生間もないトーキー・アニメーションの歴史的代表作のひとつになります。映像が音声付きで再生される手法の登場により、表現方法の裾野は大きく広がり始めました。

1930年代は、映画産業の黄金期といわれる時代です。

フランスでは、**「巴里《パリ》の屋根の下」**（1930）のルネ・クレール、**「女だけの都」**（1935）のジャック・フェデー、**「霧の波止場」**（1938）のマルセル・カルネといった監督たちが、**詩的リアリズム**という映画運動によって、パリを舞台にする厭世《えんせい》的でロマンティックな作品で商業的成功を収め、フランス映画界を大いに盛り上げます。

アメリカ・ハリウッドも、第二次世界大戦の影響から、ドイツやフランスの映画人がアメリカに亡命してきたことで活性化します。

スタジオ・システム（一部の映画会社が映画産業を独占する形態。防音設備を施した撮影所を含む複合施設を所有するなどして、安定した作品供給を可能にした）が確立されたことで年間の映画制作本数も400本を超えるようになり、この時代は「ハリウッド黄金期」と呼ばれ、映画制作の中心は完全にアメリカとなるのです。

この時代の主流は**ギャング映画**や**ミュージカル映画**です。

1934年に公開されたフランク・キャプラ監督の**「或る夜の出来事」**がヒットしたことが後押しとなり、サイレント時代から続いた**スラップスティック・コメディ**（ドタバタ喜劇）から**スクリューボール・コメディ**が人気となります。

スクリューボール・コメディとは、テンポのよい小粋な会話劇により、観客が予想できない展開が起こる映画の総称です。

大富豪の娘と失業中の新聞記者が紆余曲折のうちに結ばれる同作のヒットにより、

スクリューボール・コメディはジャンルとして確固たるものとなりました。

1935年に世界初の全編カラー長編映画**「虚栄の市」**（ルーベン・マムーリアン監督）が公開されました。

その後、ディズニー制作の長編映画第一作目であり、世界初の**カラー長編アニメーション映画「白雪姫」**（1937）が大ヒットします。

さらに、アメリカ・テクニカラー社が開発した、世界で初めて青・緑・赤の三色法で表現される「テクニカラー」が登場します。この彩色技術は、ミュージカル映画**「オズの魔法使」**（1939）のカラーに色が切り替わる場面でも活用されました。

この最新技術を活用し、当時では破格の制作費400万ドルをかけて制作されたのが、長編テクニカラー映画**「風と共に去りぬ」**（1939）です。同作品の世界観客動員数は、歴代最多の20億人を突破し、カラー映画が身近なものとなっていきます。

時代とともに変化する映画界のムーブメント②

●音響技術が向上するとともに画期的な映像技術が登場

1940年代になると、映画産業は第二次世界大戦突入の影響をより受けることとなります。戦意高揚を目的とした**プロパガンダ映画**など、娯楽作品とは一線を画す、社会や政治の色合いを深めた映画も数多く制作されるようになりました。

一方、そうした時代背景の中でも、革新的な技法は誕生していきます。ディズニー制作のアニメ映画**「ファンタジア」**（1940）は、音に包まれるような効果をもたらすサラウンドの原型といえる**ステレオ再生方式**を世界で初めて一般的な映画作品に導入し、音響分野での歴史的な作品となりました。

オーソン・ウェルズの監督デビュー作**「市民ケーン」**（1941）は、新聞業界のフィクサーであるウィリアム・ランドルフ・ハーストをモデルにしたことにより、多方面から上映妨害なども受け、当時、興行としては失敗に終わりました。

しかし、**ローアングル**（低い位置から見上げるように写す撮影法）、**パン・フォーカス**（前景から後景まで焦点の合っている映像）、**ロングテイク**（長い間カメラを回し続ける技法）などの映像表現が後世で評価され、今では映画史上、最も優れた作品のひとつといわれています。

イタリアでは1940年代、映画と文学の分野で**ネオレアリズモ運動**と呼ばれる現実描写のムーブメントが起こり、世界的に若者たちへ影響を与えます。

ネオレアリズモ運動は、当時イタリアで支配的だったファシズムと、ナチズム文化への抵抗が要因となった運動で、無謀な戦争を行う政府や軍人に対抗するパルチザン（武器を持った市民など非正規の軍隊）闘争とも関係しています。

このムーブメントが、以降、イギリス・ロンドンの**フリー・シネマ**やフランス・パリの**ヌーヴェルバーグ**といった反体制的ドキュメンタリー作品や前衛的作品などを生み出す壮大な映画運動へと、世界的に発展していくことになります。

●映画表現における既成概念を覆す新たな潮流の誕生

１９５０年代になると、黒澤明監督の**「羅生門」**（１９５０）が各国の映画賞で評価され話題となりました。ある事象に対して複数の視点を描く表現方法は、現在、世界の映画界共通語として**羅生門エフェクト**や**羅生門スタイル**と呼ばれています。

また、時代的にレッドパージ（赤狩り）の影響が映画界にも押し寄せ、共産主義活動に関与したことがある映画人がハリウッドを追放されてしまいます。

一方で、一般家庭へのテレビの普及が広まり、映画界は斜陽を迎えます。興行収入の落ち込みをなんとか打開するべく、スクリーンの拡大など打開策を模索する中で投入されたのが、立体映像の**３Dシステム**です。アルフレッド・ヒッチコック監督による**「ダイヤルMを廻せ！」**（１９５４）が３D作品としてヒットすると、他作品も追随するようになりました。

１９５０年代中盤から後半にさしかかる頃になると、イギリスでは**フリー・シネ**

マと呼ばれるドキュメンタリー映画の新たな潮流を感じさせるムーブメントが起こります。これは**イギリス・ニュー・ウェイブ**や**ブリティッシュ・ニュー・ウェイブ**とも呼ばれ、イギリスの若手監督やインディペンデント（自主映画）で活躍していたクリエーターに大きな影響を与えました。

１９６０年代になるとフランス語で「新しい波」を意味する**ヌーヴェルバーグ**と呼ばれるフランスの映画運動が勃興します。

ヌーヴェルバーグ運動の作品は、従来映画のお約束的なものを排除し、即興演出を多用したり、アンハッピーな結末もしくは明確な結末のない物語となっていることが特徴で、代表作としてジャン゠リュック・ゴダール監督の**「勝手にしやがれ」**（１９６０）が挙げられます。

本作では手持ちカメラでロケ撮影を敢行し、映像の連続性を考慮せずにカットしつなぎ合わせる撮影技術**ジャンプカット**を世に広めました（長時間となった作品の上映時間を短縮するための苦肉の策だったという説もあります）。

イギリス出身のアルフレッド・ヒッチコック監督は、ヌーヴェルバーグの影響のもと、恐怖心を高める**ヒッチコック・タッチ**と呼ばれる演出により、サスペンス映画の巨匠として、より注目されるようになります。

アメリカでも、ヌーヴェルバーグの影響を受けた**インディペンデント映画**が盛り上がりを見せ、**アメリカン・アヴァンギャルド**という映画運動が起こります。

日本においても1961年、芸術系映画の配給を目的とした**日本アート・シアター・ギルド**（**ATG**）が設立されます。

当初ATGは海外作品の配給を主体にしていましたが、大手映画会社で企画が通らない作品などに出資・配給するようになり、独立系の映画制作会社の作品に対しても出資を行い、日本映画界を牽引する存在になります。そして、大島渚監督**「新宿泥棒日記」**（1969）など、数々の問題作を世に送り出しました（なお、ATGは2018年に東宝に吸収合併されました）。

時代とともに変化する映画界のムーブメント③

●特殊効果や奇抜な映像表現を駆使した作品が続々と誕生

1960年代後半から1970年代にかけては、ベトナム戦争の長期化やヒッピー文化などが影響し、反体制的なメッセージが含まれる**アメリカン・ニューシネマ**が流行。**「卒業」**（1967）、**「俺たちに明日はない」**（1967）、**「真夜中のカーボーイ」**（1969）、**「イージー・ライダー」**（1969）などがヒットします。

さらにこの時代は特筆すべきことがたくさんあります。

まず、**「猿の惑星」**（1968）に代表されるような**SF映画**がヒットした頃でもあり、のちの「スター・ウォーズ」シリーズの誕生を後押しします。

スタンリー・キューブリック監督は、**「博士の異常な愛情　または私は如何にして**

心配するのを止めて水爆を愛するようになったか」（1964）、**「2001年宇宙の旅」**（1968）、**「時計じかけのオレンジ」**（1971）のSF三部作で一躍トップ監督の仲間入りを果たしました。

同時に世界的に**ホラー映画**が席巻したことも特徴です。**「ローズマリーの赤ちゃん」**（1968）を皮切りに、**「エクソシスト」**（1973）、**「オーメン」**（1976）、**「キャリー」**（1976）、**「サスペリア」**（1977）、などのヒット作が生まれます。

「ポセイドン・アドベンチャー」（1972）、**「タワーリング・インフェルノ」**（1974）などの**パニック映画**ブームも巻き起こります。パニック映画の金字塔と呼ばれている**「ジョーズ」**（スティーブン・スピルバーグ監督）が公開されたのも1975年です。

一方、同時代にドイツでは**ニュー・ジャーマン・シネマ**として、多くの若い映像作家が躍進しました。ニュー・ジャーマン・シネマを指す時代は1960年代から1980年代にさしかかるまで続き、従来からある商業主義的制度に束縛されない新しいドイツ映画を創造していくことになります。現在も活躍するヴィム・ヴェンダース監督もロードムービー**「まわり道」**（1975）などで、ニュー・ジャーマン・シネマの時代に頭角を表した監督の1人です。

1970年代に入ると、ハリウッドでは、アメリカン・ニューシネマと対極に位置するアメリカン・ドリームやハッピーエンドを求める風潮に世論が傾きます。シルヴェスター・スタローンの出世作である不朽のボクシング映画**「ロッキー」**（1976、）の世界的ヒット、ジョージ・ルーカス監督のスペースオペラ映画**「スター・ウォーズ　エピソード4／新たなる希望」**（1977）公開後のSFブームにより、アメリカン・ニューシネマは衰退。世界の映画界は現在まで続く**娯楽作品増加時代**に突入します。

1970年代に流行した映画は、従来型の「豪華俳優×物語」だけでなく、**特殊効果**や**奇抜な映像表現**などで観客に新しい刺激を提供している共通点があります。こうした現象は、現在のハリウッド大作に通じるところです（マフィア映画**「ゴッドファーザー」**シリーズや成人映画**「ディープ・スロート」**のヒットも観客の刺激に応える作品ともいえます）。

●世界的ヒット作が多数登場

1980年代になるとアメリカン・ニューシネマの時代が終わりを迎えたことで、映画界は群雄割拠の時代に突入。さらに多様な作品が制作されるようになります。シルヴェスター・スタローン、アーノルド・シュワルツェネッガー、チャック・ノリスなどの**肉体派俳優**が、高い身体能力を作品内で発揮し、話題を呼びます。スティーブン・スピルバーグ監督のSFファンタジー**「E.T.」**（1982）、トム・クルーズ主演のアクション映画**「トップガン」**（1986）など、この時代は世界的ヒット映画が多数誕生したことも大きな特徴です。

1990年代以降については、これ以降の章でも取り上げるため控えめな説明としますが、**フルCG**（computer graphics の略。コンピュータで画像を作成・処理すること）**アニメーション**のヒットや、高解像度の**IMAXカメラ**の普及など、映像技術の進化は一段と進み、作品にも新たな風をもたらすこととなります。

世界最大の映画市場 中国映画界の歴史

●世界の映画マーケットの中心は北米から中国へ

２０１９年12月、中国で初めて報告された新型コロナウイルス感染症の拡大により、映画産業は世界的に大打撃を受け、興行収入と来場者数は近年、稀に見る低水準に落ち込みました。

その後、徐々に映画館の営業が再開されて、コロナ禍の低水準から映画興行は回復へと向かっています。

現在、世界の映画市場で存在感を示しているのは中国です。

２０２０年、北米（アメリカ＋カナダ）を追い抜き、興行収入が初めて世界1位となりました（２０２３年2月3日配信　日本貿易振興機構「海外発トレンドリポート」より）。

シンクタンクの雲河都市研究院の調査によると、2020年の北米（アメリカ+カナダ）の映画興行市場は前年の22億ドルから45億ドルに倍増、日本は前年の13億ドルから15億ドルへと微増、そして中国は前年の30億ドルから73億ドルへと急伸したとあります。

今後、中国は間違いなく世界の映画市場のトップに君臨するといわれています。

●上海を中心に映画産業が発展。映画大国へ

中国映画界の歴史を簡潔に振り返ると、国内で映画上映が初めて行われたのは1896年で、当初はフランスのフィルムを中心に取り上げたようです。

その後、1905年に中国人による京劇の一場面を映画化した作品**「定軍山」**を公開。1913年には初の長編の劇映画として夫婦の悲喜劇を描いた**「難夫難妻」**が公開されました。

1920年代に入ると上海を中心に映画産業が盛んとなり、中国国内で約400本の映画が制作されました。その後は戦争の影響もあり映画業界は衰退しますが、1950年頃に制作数が増加したことで急激に発展していきます。

1960年頃になると年間鑑賞者は4億人を突破。その後、文化大革命の向かい風を浴びながらも、現代に至るまで中国映画界は発展し続け、映画大国になっていきます。

ちなみに中国語の映画は基本的に**「中国映画」「台湾映画」「香港映画」**の3つに分類することができ、それぞれ独自に発展していきました。ここまでは中国映画について触れてきましたが、「台湾映画」「香港映画」についても目を向けたいと思います。

台湾映画は、1900年頃から日本統治時代に多くの映画が制作されました。しかし、日中戦争が始まると、その余波を受けて業界自体が沈下します。

その後、1940年代後半に娯楽産業として復活するものの、1980年代に入るとエンタメ性の強い香港映画の勢いが増して、台湾映画界はやや勢力を失いますが、**「牯嶺街少年殺人事件」**（1991）、**「エドワード・ヤンの恋愛時代」**（1994）、**「ヤンヤン 夏の想い出」**（2000）などで知られる名匠エドワード・ヤン監督などの若い映画人が活躍するようになり、**「ウェディング・バンケット」**（1993）と**「い**

つか晴れた日に」（1995）でベルリン映画祭金熊賞を2度受賞し、**「ブロークバック・マウンテン」**（2005）でアジア人として初めて米アカデミー賞の監督賞を獲得したアン・リー監督などが世界的評価を受けています。

香港映画は、1922年に初の国内映画制作会社が設立され、その後の中国武術を題材にした**カンフー映画**の礎になるような作品が何作も公開されました。

1930年代になりサイレント映画からトーキー映画に変化し、剣劇映画（日本でいう**剣戟《けんげき》映画**、俗にいう**チャンバラ映画**）が国内ムーブメントとなり大ヒットします。

しかし、満州事変以降は抗日映画が観客から受け入れられるようになり、戦時中には香港映画は制作されませんでした。

その後、終戦を経て再び映画制作がスタート。空前のカンフー映画ブームが訪れ、**「燃えよドラゴン」**（1973）主演のブルース・リーを筆頭に、ジャッキー・チェン、ジェット・リー、チョウ・ユンファ、ジョン・ウー監督などの香港映画界のスターが輩出され、国内にとどまらず、ハリウッドでも活躍するようになるのです。

世界的に見ても珍しい日本の映画界
～製作委員会方式の功罪～

●映画ビジネスのハイリスクの部分を緩和させた製作委員会方式

昔から「映画製作はギャンブル」といわれています。制作費を回収できず赤字に陥る作品が多数存在する一方、大金が転がり込む大ヒットもあるからです。

映画や演劇、俳優養成の専門学校であるＥＮＢＵゼミナールのシネマプロジェクトとして制作されたインディーズ映画で、上田慎一郎監督の初長編作品**「カメラを止めるな！」**（２０１８）は記憶に新しいハイリターン事例です。

制作費約３００万円で作られた同作品は、当初2館での上映ながら観客から支持を受け、リピーターも続出。ＳＮＳの口コミが拡散され、日本だけで30億円以上の興行収入となり、海外リメイクもされました。アメリカでは6万ドルで制作された擬似ドキュメンタリー映画**「ブレア・ウィッチ・プロジェクト」**（1999）が全世界で大ヒットし、最終的に2億4000万ドルの興行収入となった例もあります。

反対に、マイケル・チミノ監督の**「天国の門」**（1980）は、制作費4400万ドルに対し、興行収入は350万ドルと惨敗して、制作会社ユナイテッド・アーティスツは経営危機に追い込まれましたし、ハリウッド版**「ファイナルファンタジー」**（2001）は、制作費1億3700万ドルに対し、興行収入は8500万ドルと、業界内では興行的大失敗作としてその名が知られることとなりました。

そこで登場したのが**製作委員会方式**です。

製作委員会方式とは、作品製作の資金調達の際、一企業単独ではなく複数企業に出資を募る方式で、現在では映画やテレビ番組やアニメなどの映像作品だけでなく、演劇やミュージカルといった舞台作品でも用いられています。

複数の企業が資金を出し合うことで、仮に興行収入が不振に終わったとしても、スポンサーは単独出資のケースと異なり大きな損害を被ることが少なくなり、作品がヒットすれば、多額の利益が出資者にも分配されます。競馬の共同馬主に近いシステムを採用することによってリスクヘッジするのです。

「製作委員会」と名付けたのは、スタジオジブリのプロデューサー・鈴木敏夫氏といわれています。それまでも制作費を複数企業で分担する方式はありましたが、製作委員会という方式を掲げて公で資金を集め、テレビ局や広告代理店などのマスコミを巻き込んで作品をヒットに繋げた鈴木氏の手腕は秀抜でした。

●合理的手法によって現場や映画ファンは理不尽な思いをする?

製作委員会方式は、資金集めやプロモーションの面で有益なシステムである一方、弊害もあります。参加企業が自業界や自社のブランドイメージ面での利益・不利益を優先し、自由な映画制作がままならなくなるケースがあるからです。

例えば、自動車メーカーが参加していれば、カーチェイスの脚本やシーンに意見されることもあるようです。また、「自社のコマーシャルに登場している俳優を映画に出演させてほしい」とキャスティングに口を出す企業も存在します。

こういった提案が出資者側から一切なかったとしても、映画プロデューサー自身が忖度する場合もあります。スポンサーが多くなればなるほど、各企業の思惑がある程度、働くのは避けられません。製作委員会方式は潤沢な資金を得るための合理的手法であるのは間違いありませんが、デメリットもあるわけです。

ちなみに、ジブリ映画**「魔女の宅急便」**（1989）は、童話作家・角野栄子氏による同タイトルの作品を映画化したものですが、「宅急便」というタイトル使用に際してヤマト運輸からクレームが入りました。それは「宅急便」という名称をヤマト運輸が商標登録していたからです。

ジブリ側とヤマト運輸側が何度も話し合い、アニメ映像をコマーシャルなどに使用できる権利をヤマト運輸側に提供するなどし、無事「魔女の宅急便」というタイトルで作品が公開されました。そして、話し合いの過程で、「魔女の宅急便」製作委員会にヤマト運輸が参加することにもなったのです。

ジブリ作品は現在、日本や北米のストリーミング（Netflixなど）では観られません（日本や北米を除く約190か国では視聴可能）。

これはジブリ作品の国内放送権を日本テレビが保有しているからですが、ジブリ作品の製作委員会にはNetflixなどと競合する同テレビ局やディズニーなどが参加していることも影響している、ともいわれています。

「キル・ビル」のユマ・サーマンが黄色いトラックスーツを着ている理由

「キル・ビル」（２００３）はクエンティン・タランティーノ監督の長編４作目。妊娠をきっかけに殺し屋を辞めた主人公ザ・ブライドと、暗殺リームや彼女のボスだったビルとの死闘を描いた復讐劇です。

この作品は日本人キャストが出演していることもあって日本国内でも人気が高く、本作を観ていないとしても、主役のユマ・サーマンが黄色いトラックスーツを着ているビジュアルに見覚えがある方は多いと思います。

黄色いトラックスーツは、香港映画**「死亡遊戯」**（１９７８）に主演したブルース・リーへのオマージュで、監督が彼の大ファンだったことから衣装にしたのは有名な話。ですが、もうひとつ深い理由があります。

１９７２年、アメリカＡＢＣテレビ系列でブルース・リー原案・主演の連続ドラマ「燃えよ！ カンフー」が放送される発表がありました。

しかし、製作者サイドから、ブルース・リーの英語の訛りに対する懸念や、アジア人が主演することを問題視する声があがり、最終的に主演はデヴィッド・キャラダインという俳優に変更されてしまったのです。タランティーノ少年が大激怒したのは言うまでもありません。

30年の時を経て、タランティーノ監督は、主人公に黄色いトラックスーツを着させ、復讐相手のビル役にデヴィッド・キャラダインをオファー。デヴィッド本人に個人的恨みを抱いていたわけではありませんでしたが、作品を通して子ども時代の憤まんやるかたない思いに落とし前をつけたのです。

第2章

映画業界の現状と課題

制作本数でひもとく映画大国とその背景にあるもの

●制作本数は言語の数に比例して増加する？

第1章で触れたように、映画という文化は幅広い国々で熟成されていきました。そして、毎年、各国でたくさんの作品が作られています。

読者の皆さんは、最も映画を制作している国がどこかご存じでしょうか？映画にあまり詳しくない僕の知り合い何人かに問いかけたところ、ほとんどがアメリカ（ハリウッド）だと答えました。

確かにアメリカでは多くの作品が制作されていますが、世界一ではありません。

正解はインドです。

総務省統計局「世界の統計　２０２３」には、世界各国の映画制作数ランキングとして以下のようなデータが公表されています。

世界各国の映画制作数ランキング

1位	インド	1986
2位	中華人民共和国	874
3位	アメリカ合衆国	660
4位	日本	594
5位	大韓民国（韓国）	494
6位	フランス	300
7位	英国	285
8位	スペイン	241
9位	ドイツ	233
10位	アルゼンチン	220

こちらの統計は、2017年の集計データを用いているため少し古い情報といえますが、傾向を知る上では参考になると思います。

インドが1位となる背景には、まず人口の多さがあります。国連人口基金（UNFPA）「世界人口白書2024」によると、インドの人口は14億4170万人。中国（14億2520万人）を抜いて1位です。アメリカは3億41 80万人で3位、日本は1億2260万人で12位となっています。

また、もともとテレビの普及率が低かったため、国民的娯楽として映画が親しまれてきた環境下でもありました。

気候の面でも、映画館が日中の暑さを凌ぐ社交場的な側面があったことも影響していることでしょう。

このようにインドには、制作本数が多くなる理由が絡み合っているわけですが、最大の理由ともいえるのは、インドが**多言語国家**であることです。

インドの公用語はヒンディー語ですが、憲法で公認されている州の言語が21もあります。それぞれの地域で使用されている言語に合わせて映画を制作するため、必然的に制作本数が増えていったのです。

ボンベイ（現ムンバイ）で制作された作品は、アメリカのハリウッドという名称とボンベイをもじって**ボリウッド**と呼ばれています。

ちなみに、南インドのテルグ語圏で制作されたものがトリウッド、タミル語圏がコリウッド、マラヤーラム語圏がモリウッド、カンナダ語圏がサンダルウッドとも呼ばれています。

●歌って踊って3時間超のマサラムービー

インド映画の特徴としては上映時間が長いことが挙げられます。

3時間を超える作品が主流で、インターミッション（休憩）を挟む作品が多く、恋愛やアクション、コメディやミュージカルなど、さまざまな要素が取り込まれている作風は**マサラムービー**とも呼ばれています（マサラとはインド料理における混合香辛料で、多種類のスパイスが混ざっているという意味）。

また、劇中に歌と踊りが差し込まれる作品が多いことも大きな特徴です。

インド映画は日本でも過去に何作もヒットしています。

「ムトゥ 踊るマハラジャ」（1995）を皮切りに**「きっと、うまくいく」**（2009）、**「ロボット」**（2010）、**「バーフバリ　伝説誕生」**（2015）、近年では**「RRR」**（2022）が話題となりました。

●真の世界一はインドではなくナイジェリア？

ちなみに、映画制作数ランキングは、原則としてインディーズ作品や劇場公開をしないレンタルビデオ専用の映画（日本でいうところのVシネマなど）は含まれていません。これらも映画制作数に加えた場合、ランキングの上位は変わってきます。

例えば、西アフリカの**ナイジェリア**は、国内の映画館が10館ほどしかなく、ほとんどの作品が劇場公開されないＤＶＤスルー（映画館で上映されずにＤＶＤ等で販売される映像作品）として視聴されています。年間２０００本ほどの作品が作られるほど映画産業が盛んで、ナイジェリアのＮを取って**ノリウッド**とも呼ばれています。

このように、正式に劇場公開されたもの以外にも映像作品は各国で多数作られていて、皆さんの想像を超える数の映画がＤＶＤ等のソフトやインターネット上などで公開されています。

日本の映画料金は高いのか安いのか

●最も映画料金が高い国はどこ？

現在、国内の映画料金は、一般の券種で全国一律2000円という価格が設定されています。３Ｄや４Ｄなど、特殊な映写システムや音響システムのある施設であれば、プラス数百円などの追加料金が発生します。

「2000円」という価格に対して、映画ファンからも「日本は高すぎるのではないか？」という声をよく聞きます。日本の映画料金は、他国と比べて本当に高いのでしょうか？　それとも安いのでしょうか？

とはいえ、皆さんもご承知の通り、円安傾向にある現在の為替レートで見てしまうと、「おや？　日本の映画料金は安いじゃないか！」という結果になってしまうかもしれません。

そこで、少し古い情報になりますが、２０１４年に海外のサイト「Nation Master」が行った映画料金比較の資料をもとに、当時の米ドルで比較していきます。


世界で最も映画料金が高いのは**サウジアラビア**で、約60ドルです。

ただし、この価格には理由があります。サウジアラビアでは１９６０年代から劇場での映画上映が禁止になり、スクリーンで映画を観ることができなくなりました。禁止となった理由は主に宗教的な色合いが強く、映画館の暗闇で男女が近づくことに対する抑制や、ハリウッド映画（アメリカ思想）への反発があったとされています。

劇場解禁されたのは２０１８年と、劇場で映画を観る環境が完全に整っているとはいえないこともあり、チケット代金は高騰してしまうのです（その後、サウジアラビアは段階的に映画チケットの価格引き下げを発表していますから、この驚異的な料金も徐々に緩和されていくのかもしれません）。


その他の国を見ると、スイスが約20ドル、中国は場所にもよりますが約12～13ドル、香港は約10ドル、シンガポールや韓国は約９ドル、アメリカでは州によって異なりますが平均すると約7〜8ドルぐらいです。
そして日本は約18ドルで、世界ランキングのトップ5に入るほど映画料金は高額となっています。**アジアで最も高いチケット代が設定されているのが日本**です。

●視点を変えると映画料金の値上げ幅は抑えられている？

こうして世界と比較すると、日本の映画料金は高いように感じますが、視点を変えると印象が少し変わるかもしれません。

というのは、「物価との連動で見ていくと、昔は**映画代と散髪代は等価だった**」と話す人がいるからです。例えば、1970年の映画料金は550円で、当時の理髪店で髪を切る料金も550円だったといいます。

時を経て、現在の映画の鑑賞料金は2000円で、日本の理容室の全国平均単価は2500円です（全国理容生活衛生同業組合連合会ホームページより）。このデータを踏まえると、映画料金のほうが料金の上昇率を抑えられていることになります。

一方、「はじめに」でも述べたように、現在はさまざまなエンタメコンテンツが登場していますが、それらコンテンツの料金と比較すると、日本の映画料金が割安とは言い切れません。

例えば、Netflixで定額料金を払えば、劇場で映画を1回鑑賞する料金よりも安く、過去の映画やドラマ、新作のオリジナル作品が観られる時代。「映画料金は割高だ」と考えるユーザーの気持ちも理解できます。

●適正な映画料金はいくら?

映画料金に対しては、業界内でもさまざまな意見交換がなされてきました。

例えば、ある配給会社の社内会議では、都市部とそれ以外の地域の映画料金に差をつける案が過去、何度も議論されたといいます。都市部は、映画館の賃料をはじめ、飲食店やコインパーキングの料金も総じて高いので、都市部の料金設定を上げ、それ以外の地域を下げることが提案されてきたのです。


海外においては、アメリカのように地方で5ドルで観られる映画が都心部では15ドルするなど、地域によって価格差があることは珍しくありません。

しかし、日本で一律料金が維持されているのは、**分社化されていた映画会社の統一化**(**料金体系の一律化**)と**地方の映画館を救う**という2つの大きな意味があるとされています。映画料金の収益は、原則として配給会社と映画館で折半するので、料金を安くすると、劇場来場数が微増したとしても、劇場の収益が減る計算になるのです。

とはいえ、昨今は、ムビチケ前売り券、シニア割、ファーストデイ、夫婦50割引など、各映画会社が多様な料金設定をしています。世界的に見て、**これほどターゲットを細かく設定した割安サービスを提供する国はない**でしょう。情報収集をし、会員登録をすることなどにより、料金を抑えられるようになっています。

ちなみに、ルール変更の困難さを承知の上で、僕の考えを提案すると、公開日からの経過日数に応じて料金を変動させるのはどうでしょうか。

上映作品には鮮度があり、SNS等でのネタバレを避けるのは至難の業です。人気作品は、たとえ公開初日の映画料金が3000円であっても早く観たいと考えるはず。そして、1週間ごとに料金を下げ、最終的に1000円くらいにすれば、劇場の混雑が緩和される利点もありますし、総合的な興行収入も増えるはず。何よりも「あの作品を自分は公開後、すぐに観た」という、ファンの自己満足度も高まると思うのですが……。

「脚本賞」と「脚色賞」の違いとは何か

●アメリカ・アカデミー賞は原作の有無で賞が分かれている

アメリカのアカデミー賞では「脚本賞」と「脚色賞」という2つの賞が存在します。この2つの賞の差異を簡単に説明するとこうなります。

脚本賞　↓　オリジナルの物語（脚本）に与えられる
脚色賞　↓　原作のある物語を映画化した脚本に与えられる

つまり、**小説や舞台などの原作がある脚本とオリジナル脚本で区別**されています。ただし、映画の続編の物語は、基本的に「脚色」というカテゴリーに属します。また、原作のある物語を映画化したとき以外でも「脚色」となる場合があります。

●雑誌の記事からインスパイアされた脚本も「脚色」賞の対象

「トップガン」（1986）は、トム・クルーズ主演の大ヒット映画で、その36年後には続編の**「トップガン マーヴェリック」**（2022）が公開されて話題になりました。

「トップガン」は、原作となる小説や舞台はなく、ある雑誌の記事がきっかけで制作されました。

ハリウッドの大物映画プロデューサーのジェリー・ブラッカイマーが、アメリカ海軍航空学校で訓練を受けているパイロットを取材した記事を読み、「次回作のヒントになるかもしれない」と直感でひらめいたことがきっかけなのです。

その雑誌を、**「フラッシュダンス」**（1983）や**「ビバリーヒルズ・コップ」**（1984）で一緒に仕事をしていた同業者のドン・シンプソンに見せたところ、彼は中身を読むことなく、レイバンのサングラスをかけたパイロットが戦闘機の横に立つクールな雑誌のカバーを見ただけでヒットを予感。その場で雑誌の発売元に電話して、映画化の権利を買ったのです。

アカデミー賞のカテゴリーでは、完成された物語を映画化の脚本にしたものだけが脚色ではなく、「トップガン」のように**雑誌の記事からインスパイアされた脚本も「脚色」**となります。

ちなみに「トップガン マーヴェリック」では、この雑誌記事を書いたエフド・ヨナイの遺族から著作権侵害で映画会社のパラマウントが訴えられました。映画スタジオ側は「エフドが書いた記事はマーヴェリックとは関係なく、完全なオリジナルだ」と主張しています。

昨今の日本映画の課題①
オリジナル脚本の減少

●原作ありきの映画が増えることの功罪

現在の映画界の課題のひとつに**オリジナル脚本作品の減少**があると感じます。

毎週発表される映画興行収入ランキングを見ると、人気マンガやベストセラー小説の映画化、テレビドラマの劇場版などの脚色作品が数多く見受けられます。脚色作品が悪いわけではありませんが、いささかバランスを欠いていると思うのです。

配給会社や宣伝会社の経済活動として、集客を見込める作品を映画化したほうが企画は通りやすく、制作費も集めやすく、ヒットする確率が高いことは理解しています。

しかし、**登場人物のキャラクターはもちろん、時に結末さえも把握している映画と、展開が読めない映画では、作品の見方や〝味わい方〟は変わります。**

出版関係者に聞くところによれば、マンガの連載が始まり評判がよいと、2〜3話目には映画契約の話が出版社に持ち込まれるケースがあるといいます。

また、日本で最も有名な映画プロデューサーの1人に聞いた話では、自分が作りたかったり興味がある物語が頭に浮かんだら、その物語に近いマンガや小説がないか探すそうです。**「脚本をゼロから作り上げるより、固定ファンがついている原作のほうが全方位で映画化しやすいから」**と同プロデューサーは説明してくれましたが、その時の僕の心情を吐露すると、「明確に物語の構想が頭にあるのなら、オリジナル脚本の映画を目指せばいいのにな」と思ったものです。

原作ありきの映画を全否定するつもりはありません。これまで数々の既存の物語をトレースした名作が存在することも知っています。

一方で、映画中毒の僕としては、完全未知の胸踊るオリジナルストーリー作品が増えることを望んでいますし、そうした映画を劇場で見ることを強く求めている自分がいるのも偽らざる心境なのです。

昨今の日本映画の課題②　過剰なまでのわかりやすさ

●説明を多くしてわかりやすくすることは善なのか悪なのか

昔から「NHKの朝ドラは**状況説明**が多い」といわれています。

その理由は、朝の忙しい時間帯にテレビから目を離していても音声のみで視聴者にドラマを楽しんでもらうためで、あえて登場人物の心情などをナレーションや台詞にして視聴者に伝えているのです。

その説明は、短い台詞であっても雑ではなく、朝ドラを途中から見始めた視聴者であっても、あらすじを比較的つかみやすくなっている点も特徴です。

テレビのバラエティ番組では、1990年代から、出演者の発言などを**テロップ**としてテレビ画面に映し出すようになりました。

テロップによる演出は、１９７６年から20年以上フジテレビで放送されていたバラエティ番組「スターどっきり㊙報告」のどっきり企画のコーナーで世間的に認知され、日本テレビの「マジカル頭脳パワー!!」（１９９０―１９９９）や「進め！電波少年」（１９９２―１９９８）といったバラエティ番組で多用されてテレビ業界に広まったといわれています。

その後、各局のバラエティ番組はもちろん、報道番組の街頭インタビューや、韓国を筆頭にアジア諸国の番組においてもテロップが使用されるようになりました。

現在ではテレビ番組だけでなく、動画でもテロップが使用されていますし、ＡＩを活用した自動入力機能を多くのYouTuberなどが使用しています。

状況説明の多いドラマとバラエティ番組等のテロップには共通点があります。ひとつは、「視聴者に対するサービスという名の過剰な演出が時おり見受けられる」こと。そして、もうひとつが、**「日本映画界に対して残念な影響を与えている」**ことだと思います。

テレビやYouTubeは視聴率や再生回数を稼ぐのが至上命題なので、視聴者を集めて離れないようにサービスするのは理解できます。状況説明やテロップを頭ごなしに否定するつもりはありません。例えば、バラエティ番組で演者がボケた時の台詞をテロップで強調することで、視聴者がわかりやすく笑える利点もあります。

こうした相乗効果を狙ったテロップは有効ですが、それ以外の過剰なテロップが、昨今の日本映画でよく見られる説明過多をもたらしているように思えてなりません。


また、テレビドラマとの違いがわかりづらい映画が増えています。具体的には、**台詞での説明が多い映画の増加**です。

劇場での映画鑑賞は、スクリーンを観続けることが前提です。料金を払って来場していますから、気軽に途中退場をする人はいませんし、携帯電話の電源を切ることを求められます。

したがって、あらかじめ音声のみで内容を伝えようとしたり、あらすじをつかみやすくする必要は、基本的にありません。

幼児や小学校低学年など子ども向け映画にわかりやすい説明を挿入するのは理解できますが、大人を対象とした映画において、状況や心境を台詞で呟き過ぎると、観客の想像する楽しみを邪魔したり、余情を残せなくなることもあります。

●すべての観客に支持される作品はない

答えを写すだけの計算ドリルのようなエンタメほどつまらないものはないですし、手取り足取り説明する文化に慣れてしまうと、思考も感性も鈍っていくのではないでしょうか。

監督や脚本家を中心とした制作者側も、好んでそうした映画を完成させているわけではなく、多くの観客に伝わるようにという思いで、そうせざるを得ない状況にジレンマを抱えているのかもしれません。

以前、僕が専門学校の非常勤講師をしていた頃、マーティン・スコセッシ監督の**「タクシードライバー」**（1976）の感想文の提出を課題にしたことがあります。

ロバート・デ・ニーロ演じる主人公のトラヴィスは、日々鬱屈した生活を送りながらニューヨークでタクシー運転手として働いています。彼は無口で他人とのコミュニケーションを図るのも得意ではありませんが、そんな彼が自分なりの革命を起こそうとする作品です。

本作を観た学生からの意見で想像以上に多かったのが、「主人公のトラヴィスが何を考えているかわからない」でした。ある学生に、なぜトラヴィスのことが全然理解できないのか訳を聞くと、「説明がないから」というのです。

別の例ですと、世界的に大ヒットしたグレタ・ガーウィグ監督の**「バービー」**（2023）の冒頭は、とある有名な映画のパロディです。

この元ネタを知らない、もしくは真意を汲み取れなかった日本人の観客が、「この作品を観て不快な思いをした」とSNSでポストし、物議を醸しました。

わかりやすく説明を入れることで楽しめた観客もいたかもしれませんが、パロディの説明は野暮であり、風味が落ちるのは明白です（ちなみに、同映画は冒頭シーンだけでなく、元ネタありのパロディが多数ちりばめられています）。

すべての観客から支持や理解を得られる作品などなく、偏りはあるのが当然です。

僕としては、制作者の意図を100％理解できなかったとしても、自力で作品の意味を導き出し、作品の余韻を楽しませてくれる作品のほうを好ましく思いますが、読者の皆さんはいかがでしょうか。

エンドロールが以前よりも長くなった理由

●本編が終わっても、なかなか明るくならない劇場

エンドロールとは、映画の本編が終わった後に表示される、演者やスタッフなどの名前を列挙した一覧のことですが、この上映時間が以前と比べて「長くなったな」と思いませんか？

昔は本編が終わると、「THE END」「終」「fin」「終劇」とスクリーンに出たのち、ほどなくして劇場が明るくなることもありました。

最近では、途中で席を立つ人の姿をよく見かけてしまうほど、少し退屈になるくらいにエンドロールの上映時間を長く感じるケースが多いはずです。特にアメリカ映画で顕著になっています。

●以前は多くの関係者名を列挙するものではなかった

エンドロールの歴史を振り返ると、1950年代半ばから1960年代のアメリカ映画では、作品のオープニングに貢献度の高い制作スタッフのクレジットを集約させ、エンディングでは省略するケースが一般的でした。

1970年代に入ると、その様相は変化します。

ジョージ・ルーカス監督の**「アメリカン・グラフィティ」**（1973）は、撮影が進むにつれ制作費が枯渇してスタッフ全員に正当なギャランティが払えなくなりました。

そこでメインのスタッフではない人たちに報酬の代わりとしてエンドロールに名前を載せることを提案し、了承されたそうです。当然ながら、エンドロールの上映時間は、従来よりも長くなりました。

なお、ルーカスは次作の**「スター・ウォーズ」**（1977）において、今度はスタッフへの感謝の気持ちを込めて、関係者全員の名前をエンドロールに挙げました。

この取り組みがハリウッドの新たな習慣として広がり、エンドロールが長くなったともいわれています。

最近では予算の高い**ビッグバジェット・ムービーのエンドロールが長くなる傾向**にあります。この理由は単純に、制作費が大きい作品は小規模な作品に比べて関わるスタッフが大勢いるからです。

昨今では**VFX**（Visual Effectsの略。視覚効果の意）が駆使される作品も多いですが、CGのスタッフ数が増えていることもエンドロールが長くなった理由のひとつです。

とはいえ、エンドロールの最長作品は、トップアスリートによるノーCGアクション**「X―ミッション」**（2015）で、西部劇**「ウエスタン」**（1968）の約12分半を抜き、約13分半で記録を更新しました。

●フリーランスの俳優・スタッフが増えたことも影響している

最近エンドロールが長くなった理由がもうひとつあります。それは**労働組合（ユニオン）との契約**です。

これはフリーランスの俳優・スタッフが増えたことや、ビデオやDVDとして作品が後世に残るようになったことも関係しています。

クレジットは、過去にどんな作品に携わったかを証明するものにもなるため、映画業界を支える関係者が所属する各労働組合が、個人名の記載を主張するようになったのです。その結果、映画によってはケータリングのスタッフや清掃員の方々も記載されるようになっています。

そのほか、別の思惑で全スタッフの個人名を記載するケースもあります。

例えば、アメリカのアカデミー賞（受賞者に裸の男性の立像「オスカー像」が贈呈されることから、アカデミー賞は「オスカー」とも呼ばれる）は、主催団体である映画芸術科学アカデミー（AMPAS）会員の投票によって決定します。

現場スタッフはアカデミー会員である場合が多いため、オスカーを獲得したい思惑から全スタッフをクレジットすることで印象をよくしている映画スタジオも一部にあるようです。

このような理由から、特にハリウッド作品のエンドロールは長くなっています。

●エンドロールを〝演出する場〟として逆手に取るケースも

エンドロールをあえて効果的に活用するケースもあります。

香港出身のアクションスターで監督・プロデューサーでもあるジャッキー・チェンは、主演映画の本編終了後に**NGシーン**を流します。

これは観客を飽きさせないようにするためのジャッキーならではのサービス精神の表れであるとともに、「本編では華麗なアクションシーンに見えても、バックヤードではケガも絶えない危険な妙技であり、決して真似をしないでほしい」という**観客へのメッセージ**が込められているそうです。

最近ではマーベルムービー（マーベルコミックを原作とした映画）などでよく目にすると思いますが、本編の終わりに、作品の余韻や楽しさを際立たせたり、驚くような真実を告げる短い映像が差し込まれるケースもあります。

専門用語でいうと、こうした映像がエンドロール中に映し出されることを**ミッドクレジットシーン**、エンドロールの終わりに差し込まれることを**ポストクレジットシーン**と呼びます。

●そもそもエンドロールは最後まで観なければいけないものなのか

かつて、**「そもそも映画のエンドロールって観なきゃいけないんですか？」**という質問をX（旧Twitter）で受けたことがあります。

スカッと爽快な娯楽性の高い映画であれば、本編終わりに席を立つのもよいかもしれません。一方で、物語の解釈を観客に委ねるような文芸作品では、自分が席を立つ動きで他の観客の思考を邪魔してしまうこともあるため、一定の配慮が必要になるのかもしれません。

ちなみに、**映画の試写会ではエンドロールが終わってから席を立つのが暗黙のルール**です。僕自身も、エンドロール中にその作品を反芻《はんすう》するので、劇場が明るくなるまで席を立ちません。

アメリカの映画館では本編終わりで会場を出ていく人も多く、「エンドロールの終わりまで席を立ってはいけない」という校則のような思考は、いささか堅苦しさを感じます。ただし、本編中はもちろん、エンドロール中も、光が気になるのでスマートフォンやスマートウォッチを見るのは我慢してほしいとは思います。

海外作品の秀逸な邦題と残念な邦題

●訴求力が低いと判断されると邦題がつく

海外の映画を日本の配給会社などが購入した場合、その作品の国内タイトルは原則として日本の配給会社などがつけます。

原題をそのまま使うケースもありますが、長いタイトルや意味がわかりづらいタイトルなど、**訴求力が低いと判断された場合は邦題がつけられる**ことになります。

日本映画界の歴史に刻まれるような秀逸な邦題はたくさんあります。

例えば、原題「The Fast and the Furious」（ザ・ファースト・アンド・ザ・フューリアス。直訳すると「速くて猛烈な」）は、2001年、**「ワイルド・スピード」**というイメージが湧きやすい邦題で公開されました。

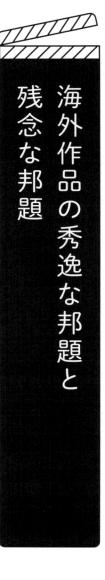

ディズニー（ピクサー含む）作品は、子どもにもわかりやすい、それぞれの世界観にふさわしい邦題になっています。

「Up」（アップ／2009）→「カールじいさんの空飛ぶ家」
「Frozen」（フローズン／2013）→「アナと雪の女王」
「Big Hero 6」（ビッグ・ヒーロー6／2014）→「ベイマックス」
「Coco」（ココ／2017）→「リメンバー・ミー」

ちなみに2020年に公開された「2分の1の魔法」の原題「Onward」（オンワード）は直訳すると「前へ」です。「前進」や「成長」の意味としても使える、本作のあらすじにふさわしい、シンプルで覚えやすいタイトルかもしれません。

しかし、日本国内ではアパレル会社のイメージが強いため、原題からタイトルが変更されたといわれています。

その他にも、この邦題に変更したからこそ成功した（原題のままだった場合、ヒットしなかったのでは……）と個人的に思う映画を何作品か挙げておきます。

「Bonnie and Clyde」（ボニー&クライド／１９６７）→**「俺たちに明日はない」**
「Dawn of the Dead」（ドーン・オブ・ザ・デッド／１９７８）→**「ゾンビ」**
「The Thing」（ザ・シング／１９８２）→**「遊星からの物体X」**
「An Officer and a Gentleman」（アン・オフィサー・アンド・ア・ジェントルマン／１９８２）→**「愛と青春の旅だち」**
「Sister Act」（シスター・アクト／１９９２）→**「天使にラブ・ソングを…」**
「Almost Famous」（オールモスト・フェイマス／２０００）→**「あの頃ペニー・レインと」**
「Crust」（クラスト／２００２）→**「えびボクサー」**
「The Italian Job」（ザ・イタリアン・ジョブ／２００３）→**「ミニミニ大作戦」**
「The Notebook」（ザ・ノートブック／２００４）→**「きみに読む物語」**
「Whiplash」（ウィップラッシュ／２０１４）→**「セッション」**

シルヴェスター・スタローン主演**「ランボー」**（１９８２）の原題は「First Blood」（ファースト・ブラッド）で、直訳すると「最初の血」です。

流血が多いボクシングの試合では、「draw first blood（ドロウ・ファースト・ブラッド）」（最初の血を招く＝先制する）という用語があります。

クライマックスでランボーが大佐に対し、「誰が警察に先に仕掛けたんだ！」と怒りをぶつけるシーンがありますが、この場面にインスパイアされて「ファースト・ブラッド」というタイトルがつけられたという説があります。

「ランボー」シリーズ2作目の邦題は**「ランボー／怒りの脱出」**（1985）ですが、原題は「Rambo: First Blood Part II」（ランボー・ファースト・ブラッド パート2）となっています。

ほかにも邦題で印象に残っているのが007シリーズ2作目のショーン・コネリー主演**「007／危機一発」**（1963）です。

同作品の原題は「From Russia with Love」（フロム・ロシア・ウィズ・ラブ）ですが、「危機一髪」の「髪」を、意図的に銃弾をイメージさせる「発」と誤字を使った邦題でヒットさせたのは、当時、日本ユナイテッド・アーチスツ映画会社（通称：ユナイト映画）の宣伝部に在籍していた故・水野晴郎氏（その後、1972年のリバイバル上映時には**「007／ロシアより愛をこめて」**に改題）。一定年齢以上の方にとって水野氏は、197

0年代のテレビ番組で映画解説を担当する際、「いやぁ、映画って本当にいいもんですね」と語ってお茶の間の人気を集めた映画評論家として知られていますが、もともとは映画配給会社の宣伝総支配人として、**「ビートルズがやって来るヤァ！ヤァ！ヤァ！」**（1964、原題は「A Hard Days Night」）など、数々の邦題を考案したとされています。

●邦題をつけたことで物議を醸した作品

以上のように原題に比べて日本の観客に伝わるよう工夫した邦題もありますが、映画ファンからすると「残念な邦題」も存在します。

例えば、アカデミー賞9部門にノミネートされ、アルフォンソ・キュアロンが監督賞などを受賞した**「ゼロ・グラビティ」**（2013）の原題は、真逆の意味の「Gravity」（グラビティ＝重力）です。「重力」というタイトルの映画を「無重力」（ゼロ・グラビティ）にしたため、一部の映画ファンがSNSなどで嘆きました。

公開前に同作品の関係者から聞いた話によると、社内会議では最初に原題を直訳した「重力」にする案が出たようです。邦画の歴史をひもとくと漢字2文字のタイトルが定番としてあることと、当時、松たか子さんの主演映画**「告白」**（２０１０）が大ヒットしていた影響もあったといいます。

しかし、反対意見が出たため白紙に戻り、その後、ベストセラー小説『永遠の０』の映画化が発表され、公開時期が両作品とも２０１３年12月だったことから、「ゼロ対決」という話題性も期待した上で「ゼロ・グラビティ」になったそうです。

もう１本取り上げたい作品が**「マッドマックス 怒りのデス・ロード」**（２０１５）です。

原題は「Mad Max: Fury Road」。マッドマックスはそのままですが、サブタイトルは「フューリー・ロード」です。今の邦題が嫌いというわけではないのですが、僕は作品解釈的に原題にある副題のほうが良かったと思っています。

フューリー・ロードのフューリーとは「怒り」の意味で、ギリシャ神話の復讐の女神「フューリー」から派生した言葉ですが、この物語はイモータン・ジョーの軍団に虐げられてきた女性たちが、逃げた道を引き返して復讐する話だけに、フューリー・ロードというサブタイトルが大事なのです。付け加えるならシャーリーズ・セロン演じる隊長の名前がフュリオサなのもフューリー（復讐の女神）から名づけられています。

あくまで主観になりますが、「原題そのままでもよかったのでは？」と思う作品も多々あるものです。

「内容が伝わらないタイトルはヒットしない」と話す識者もいますが、**「ジョーズ」**（１９７５）、**「E.T.」**（１９８２）、**「グレムリン」**（１９８４）、**「ゼイリブ」**（１９８８）など、タイトルだけ聞いても内容がまったくわからない映画でもヒットしているものはあります。

日本語のタイトルやサブタイトルを使って映画ファンに作品イメージを伝えたい気持ちはわかりますが（潤沢な広告費が捻出できない作品にありがちです）、邦題をつけることですべてが目論見通りに進むわけではありません。オリジナルのタイトルと独自の邦題をつけるかは是々非々で検討してほしいものです。

劇場公開とサブスク配信日の微妙な駆け引き

●これまでの通例を書き換えたアナ雪

「気になっていた映画が気づいたときには公開終了していた」という経験をした人は多いと思います。

このようにお目当ての作品を劇場で観られなかった場合、以前であればＤＶＤなどのソフトの販売もしくはレンタルの開始日を待つのが一般的でした。その待機期間は各メーカーや契約によって異なりますが、劇場公開から**約６か月後**に発売・レンタルが開始されるのが通例でした。

その後、この待機期間は縮まっていき、劇場公開から**17週**（**約120日**）**後**、そして公開から**３か月**（**約90日**）**後**にＤＶＤ発売するケースも出てきました（ちなみに、劇場公開から二次使用開始までの期間を、ハリウッドでは**シアトリカル・ウィンドウ**と呼びます）。

日本でも大ヒットしてロングラン公開されていた**「アナと雪の女王」**（２０１３）は、劇場公開中にＤＶＤ等のソフトが発売されました。

配給会社としては「より多く集客し、興行収入を増やす」のが本来の目標ですが、「作品が話題になっている間にＤＶＤ等のソフトを売りたい」という思いもあります。「劇場に足を運ばなくても自宅で観ることができる」というユーザーマインドも視野に入れなければいけないのです。

●サブスクの登場で激変した映画業界

２０１０年代後半から映画業界に大きな変革をもたらしたのが、ストリーミング視聴を主とした**サブスクリプション（サブスク）**です。

一定期間、コンテンツの視聴ができる権利に対して料金を支払うサブスクの登場で、これまでより映画鑑賞が身近になったことは間違いありません。各サブスクサービスに登録すれば、多様なデバイスによって、自宅で気軽に、しかも安価で映画を楽しめるようになりました。

一方で、劇場へ足を運ぶ観客やＤＶＤ等のソフトの購入者は減りました。ストリーミング視聴がいち早く普及した音楽業界では、ＣＤ等のソフトを購入するのは収集家もしくは特典目当てのユーザーがメインとなり、それ以外の人たちはサブスクへと流れたのです（２０１０年に公開された**「ソーシャル・ネットワーク」**に登場したナップスターの設立者ショーン・パーカーが思い描いた未来が訪れたのです。気になった方は同作品をご覧ください）。

映画が劇場で公開されてからストリーミング視聴できるまでの期間は、各配給会社と配信企業との契約で決定されます。

サブスクが誕生した当初に比べると、その待機期間は短くなっているのが現状で、例えば、ディズニー作品などは劇場で公開された15日後にはDisney＋（ディズニープラス。同社の定額制公式動画配信サービス）で観られることもあります。

ストリーミング配信の解禁によって、さまざまなメディアで作品が取り上げられる宣伝効果が期待できたり、話題を集めて「映画賞対策」に活かすケースもあります。

加えて、2020年に全世界を襲ったコロナ・パンデミックの影響で外出が規制されたことも、ストリーミング配信の促進を後押ししました。映画館が閉鎖されていた頃、人々はサブスクによるストリーミング視聴で手軽に自宅で映画を観るようになったのです。

業界内には、映画をストリーミング視聴する風潮を危惧する評論家もいます。劇場の大きなスクリーンで、他の観客とともに映画鑑賞をすることは貴重な経験だと僕も思います。劇場が廃れていくような事態も、当然ながら看過できません。

一方で、僕もさまざまなサブスクに登録しています。劇場鑑賞とストリーミング鑑賞が共栄していく未来が僕の理想なので、微力ながら、そのための提言を行っているところです。

邦画界は監督より助監督のほうが年収がいい

●監督業の報酬額では副業が避けられない？

「日本で活躍している映画監督と助監督、どちらが収入が多いかわかりますか？」

ある映画監督との酒席でこう聞かれました。その方は数々の著名な映画監督のもとで長年、助監督を経験した後、初めて監督として映画を撮ったばかりでした。

「誰もが名前を知っているような国内トップクラスの有名監督は別だ」と前置きした上で、「助監督をやっていた頃のほうが間違いなく年収がいい」といいます。

監督より助監督の報酬が高い？　そんなことがあるのかと思って話を聞いていくと、「いや、さすがにギャランティは監督のほうが貰えますよ」と笑います。

「監督のほうがギャラが高いのに助監督のほうが年収がいい」の真意はこうです。

監督が、企画段階から制作に集中して取り組むと多忙を極める。邦画界の現状として、スタッフをたくさん確保することはできないので、監督自ら行う仕事も多い。この状況を続けている期間の収入は、1本の映画監督としての報酬しかない。

一方、助監督の仕事は、撮影直前から参加する場合もあれば、現場を掛け持ちする場合もある。だから、実収入だと助監督時代のほうが明らかに年収がいいですよ、と知り合いの監督はいうのです。


日本の映画監督の作品1本の報酬は、制作費にもよりますが、平均すると300万~500万円といわれています。企画段階からさまざまな工程を経て作品が完成するまで数年かかりますから、年収で換算すると厳しい数字になります。

そのため、ミュージシャンのMV（ミュージックビデオ）や企業コマーシャルを撮影したり、教育機関で演劇や映像を教える講師業（ワークショップ）をしたり、雑誌コラムの原稿を執筆する文筆業などで生計を立てている映画監督は少なくありません。

●そもそも邦画は制作費が低く抑えられている

邦画の制作費はハリウッドなどと比較して低水準です。国内経済の影響も色濃く受けますから、低迷期であれば制作費も連動して縮小傾向になります。

ロバート・ゼメキス監督の**「フォレスト・ガンプ／一期一会」**（1994）のオープニングに、開いた本の中からひとひらの羽根が舞い上がるCGのシーンがありますが、北野武監督はインタビューで、**「あの羽根のシーンだけで自分の映画が1本撮れる」**と話していました。日米の環境の違いを象徴するような発言です。

ハリウッドの**ビッグバジェット・ムービー**（大作映画）は**約1億ドル以上**（約140億円以上。ここでは1ドル140円で換算します）の作品を指しますが、邦画は1億円未満がほとんどです。10億円超の映画は年間数本しか存在しません。

アメリカでは、学生映画でも100万ドル（約1億4000万円）の制作費が標準です。インディーズの世界には**インディペンデント・スピリット賞**があり、メジャー映画会社以外の会社が制作した作品を対象にしていますが、広告宣伝費などを除いた直接制作費**2000万ドル以下**（約28億円以下）の作品が基準になっています。アメリカでは28億円以下の制作費の作品がインディペンデント（自主制作）映画なのです。

このように映画の制作環境には差があります。邦画の制作費は低く抑えられているので、映画監督の収入も必然的に少なくなってしまうのです。

「レスラー」の主演交代とハリウッド俳優の復活

「レスラー」（2008）の主人公ランディは元・人気レスラー。今はアルバイトをしながら生活しています。

そんな彼にビッグマッチの話が舞い込みますが、長年のステロイド剤使用がたたって結果を残せず引退。仕事と家族も失ってしまいます。

それでも自身の輝きを取り戻すため、ランディは再びマットへ向かいます。

主人公のランディ役は、当初、ニコラス・ケイジが演じる予定でした。

しかしダーレン・アロノフスキー監督は、素行の悪さからハリウッドを干され、プロボクサーとして活動していたミッキー・ロークを主演にしたいと考えていたそうです。

最終的にニコラス・ケイジが「自分よりミッキー・ロークのほうが適役だ。そして彼に復活してほしい」と申し出て、彼に主役を譲りました。

ニコラス・ケイジが降板したことで制作費は縮小されましたが、映画は世界的に評価されてヴェネツィア国際映画祭の金獅子賞を受賞。ミッキー・ロークもゴールデングローブ賞で主演男優賞を受賞するなど、さまざまな映画祭で男優賞を獲得し、ハリウッドの表舞台に復活しました。

余談になりますが、ミッキー・ロークに憧れて俳優になったマット・デイモンが、「ハリウッドで生きていくためのヒントをください」と彼に聞いたとき、「それは簡単だ。俺みたいになるな」と笑いながら答えたそうです。

第3章

映画の歴史を変えた10作品

ジャズ・シンガー（1927）

絶対に外せない歴史的作品

● **世界初の長編トーキー映画**

監督
アラン・クロスランド

脚本
アルフレッド・A・コーン

出演者
アル・ジョルソン　他

あらすじ
ニューヨークで代々ユダヤ教司祭長を務める家に生まれたユダヤ人のジェイキー・

ラーヴィノヴィッツ。ジャズ音楽に目覚め、酒場でジャズを歌っていたのを、ユダヤ教司祭長の厳格な父親に見つかり、勘当されてしまいます。

数年後、ジェイキーは、それまでのユダヤ人とわかってしまう名前から「ジャック・ロビン」と改名した上で、ジャズ・シンガーとして活躍。ちょっとした有名人になります。

その後、交際相手の舞台女優メアリーの後押しもあり、ジェイキーは晴れやかな大舞台で歌えることになります。ところが、その公演日の前日、母がジェイキーを訪ねてきます。病気で倒れてしまった父の代わりに、明日、讃美歌を歌ってもらえないかというのです。

その公演日は、ユダヤ人にとって一年で最も神聖な日とされているヨム・キプル。自分を勘当した父がいる教会にユダヤ人たちが集まり、讃美歌を歌う大切な日でもあったのです。ジェイキーは悩んだ末に、ステージでジャズを歌うことを捨て、教会で讃美歌を歌うことを選び、立派に父の代役を果たしました。病床の父親は、息子の歌声を聴きながら息を引き取ります。

数か月後、改めて大舞台で歌うことになったジェイキーは、顔を墨塗りし、黒人に扮しながら、メアリーや母親の前で「マイ・マミー」を熱唱します。

●**コトブキツカサ　かく語りき**

1927年にアメリカで公開された**世界初の長編トーキー映画**とされている作品。本作から始まったトーキーの歴史が現在に受け継がれています。

「You ain't heard nothing yet」（お楽しみはこれからだ）という台詞も有名です。

「父親のために晴れの舞台を捨ててユダヤ社会を選ぶ息子」「ジャズを歌うために白人が黒塗りをする」など、ストーリーとしても**現代につながる課題を照らし出している画期的な作品**でもあります。

2001年宇宙の旅（1968）

SF映画の原点

● AI活用が当たり前の今こそ必見

監督
スタンリー・キューブリック

脚本
スタンリー・キューブリック
アーサー・C・クラーク

出演者
キア・デュリア
ゲイリー・ロックウッド
ウィリアム・シルヴェスター

ダグラス・レイン　他

あらすじ

ホモサピエンスの祖先であるヒトザルは、黒い石柱状の謎の物体「モノリス」に導かれ、動物の骨を道具や武器にして獣の肉を食べるなどの知恵を持つようになるなど、人類として進化していきます。

発達した脳によって劇的な進化を遂げていく人類はコミュニティを作り、それは世界中に広がっていきました。

そして、ついに地球外の宇宙へ進出するようになります。

月に居住できるまでになった人類は、人類発達の要因となったモノリスの真実が、木星圏に行けば究明できそうであることをつかみます。

そこで、人工知能を有する完全無欠のコンピューター「HAL9000」が制御する有人の宇宙船で、木星探査へと旅立つことになりました。

しかし、探査中に完全無欠といわれていたコンピューター「HAL9000」が、精神的異常をきたすようになり、ついに暴走を始めてしまい……。

●コトブキツカサ　かく語りき

スタンリー・キューブリック監督による先鋭的ＳＦ映画である本作は、人類の進化、人工知能、地球外生命体などのテーマを追求。**後のＳＦ映画の原点**ともいえる作品です。

人工知能が反乱を起こし、自分を混乱させる人間を敵視する展開は、ChatGPTといった生成ＡＩが当たり前になってきた現代において、また違った角度から楽しめる作品。

ちなみに、「モノリス」とは、ギリシャ語から派生したラテン語に由来する普通名詞で、**「孤立した岩」**の意味があります。

ナイト・オブ・ザ・リビングデッド（1968）

「ゾンビ」の概念を確立

●ゾンビ3部作の1作目。「お約束」は本作から始まった

監督
ジョージ・A・ロメロ

脚本
ジョン・A・ルッソ

出演者
デュアン・ジョーンズ
ジュディス・オーディア
カール・ハードマン　他

あらすじ

父の墓参りの道中で、バーバラと兄のジョニーはゾンビ（生ける屍＝リビングデッド）となった大男に突然襲われ、ジョニーが殺害されてしまいます。

兄を殺された恐怖と悲しみの中、バーバラは助けを求めて近くの民家に逃げ込むと、同じように青年・ベンも逃げ込んできます。すでに地下室には若いカップルのトムとジュディ、クーパー夫妻（夫ハリー、妻ヘレン）とゾンビに噛まれてけがを負ったクーパー夫妻の娘のカレンも、ゾンビから逃れるように隠れていました。

外部との連絡が取れないまま、ゾンビの群れが民家を取り囲みます。ベンは、ドアや窓をふさいでゾンビの侵入を防いだ上で脱出の道を探りますが、救助が来るまで地下室にこもるかどうかでハリーと意見が対立、仲間割れを起こします。

テレビでゾンビたちが人間を食い殺していることを知ったバーバラたちは、最寄りの避難所への脱出を試みます。

しかし、ガソリンの切れたトラックに給油しようとした際、給油漏れしたガソリンに、ゾンビを牽制するためにともした松明の炎が引火して、トラックは爆発炎上、トムとジュディが焼死。ゾンビの餌食となります。

ゾンビは次々と民家に侵入しようとするなど、状況は最悪になっていきます。

●コトブキツカサ　かく語りき

ここで紹介した**「ナイト・オブ・ザ・リビングデッド」**、**「ゾンビ」**（1978）、**「死霊のえじき」**（1985）の**ゾンビ映画3部作**で知られるジョージ・A・ロメロ監督による、ゾンビ映画の礎を作った作品。

もともと「ゾンビ」は、「死者を蘇らせて奴隷にする」という西アフリカのベナンやカリブ海のハイチ等で信仰されている民間信仰・ブードゥー教に起源を持ちますが、今日、私たちが思い描く一般的なゾンビの特徴は映画による創作物。それを強く打ち出したのが本作で、**ゾンビホラームービーの原点**といわれています。

「ゾンビに噛まれた人間もゾンビになる」「パニック状態の中での仲間割れ」といった**ゾンビ映画の基本的なお約束**を本作から知ることができます。

ジョーズ（1975）
映画産業上&歴史上の分岐点

●海洋パニックスリラー映画の金字塔

監督
スティーヴン・スピルバーグ

脚本
ピーター・ベンチリー
カール・ゴットリーブ

出演者
ロイ・シャイダー
ロバート・ショウ
リチャード・ドレイファス

マーレイ・ハミルトン　他

あらすじ

大勢の海水浴客で賑わっているアメリカ東海岸のリゾート地。穏やかな夏の海に、突如として巨大でどう猛な人喰いザメが出現し、人々は大混乱。若い女性がサメに襲われ、亡くなってしまいます。

この事態を重く見たニューヨーク市警から赴任したばかりの警察署長ブロディは、海水浴場の閉鎖を訴えます。しかし、市長などの町の有力者は、「観光客のおかげで町の財政が成り立っている」として、ブロディの案は却下されてしまいます。

その結果、海では次々とサメによる犠牲者が発生し、この海水浴場に人喰いザメがいることを知った人々はパニック状態に陥ります。

「このままでは被害が拡大する」と憂いた警察署長ブロディは、サメを研究している若き海洋学者のフーパー、地元の漁師でサメの捕獲に闘志を燃やすプロのシャーク・ハンターであるクイントとともに、人喰いザメ退治に乗り出します。

●コトブキツカサ　かく語りき

スティーブン・スピルバーグ監督による**海洋パニックスリラームービー**。原作の小説『ジョーズ』（1974。ピーター・ベンチリー）は、1916年にアメリカ合衆国ニュージャージー州で発生した**ニュージャージーサメ襲撃事件**（12日間に5人が襲われ、そのうち4人が死亡）が原案となっているといわれています。

興行収入が初めて1億ドルを超えた作品で、興行的に大成功を収めた作品を指す**ブロックバスター映画の原点**といわれることも。

映画における喜怒哀楽が詰まった本作は、内容の斬新さもさることながら、作品宣伝においても**映画興行の分岐点となった作品**とされています。

現在では当たり前のように行われている、テレビCMや紙面など多様な広告手段を組み合わせてプロモーションをする**メディアミックス戦略**を積極的に採用。劇場公開される地域を中心とした放送局の連日電波ジャック、さまざまなグッズとのタイアップなどを行うことで、ヒットを拡大させています。

なお、今日では凶悪なサメのことを「ジョーズ」と呼ぶことがありますが、本来、ジョーズは「顎」という意味です。

ロッキー（1976）

ニューシネマ時代を終焉させた作品

●その終わり方が新しい時代の幕開けを感じさせた

監督
ジョン・G・アヴィルドセン

脚本
シルヴェスター・スタローン

出演者
シルヴェスター・スタローン
タリア・シャイア
バート・ヤング
カール・ウェザース　他

あらすじ

フィラデルフィアのスラム街で暮らすイタリア貧民街出身のロッキーは「Italian Stallion」（イタリアンスタリオン／「イタリアの種馬＝精力絶倫の男」の意味）というニックネームで活動する三流ボクサー。ボクシングの賞金だけでは生活できないため、高利貸しの取立屋として働き、日銭を稼いでいます。

ある日、世界ヘビー級チャンピオンのアポロの対戦相手が負傷してしまい、タイトルマッチを欠場することに。代役を探していたプロモーターに対し、アポロは「無名のボクサーを指名して、アメリカン・ドリームを体現させ、話題を集めよう」と提案します。自分の懐の深さを誇示しようとしたのです。そこで、アポロは、「イタリアの種馬」というバカげたニックネームが気に入ったロッキーを指名します。

世間の誰もが彼の活躍を期待しない中で、ロッキーは恩師ミッキーをトレーナーに迎え入れ、チャンピオンとのドリームマッチに向けて猛特訓を開始。型破りなトレーニングで肉体を鍛え上げていきます。

試合当日。パフォーマンスの一環とばかりに余裕しゃくしゃくの笑顔でリングに上がるアポロに対し、ロッキーは「人生最大のチャンスの場」として、そして愛するエイドリアンへの思いも胸に、チャンピオンに立ち向かっていきます。

●コトブキツカサ　かく語りき

シルヴェスター・スタローンの出世作となった本作は、アカデミー賞でも作品賞に輝き、興行的にも大ヒットして続編も作り続けられています。

最もエポックメイキングな点は、本作がSF映画「スター・ウォーズ」とともに、当時主流だったハッピーエンドを否定する**「アメリカン・ニューシネマ」というジャンルを終焉させた**といわれていることです。

60年代終盤から70年代半ばにかけて、アメリカ映画のムーブメントは、反体制的な主人公が登場し、アンハッピーエンドで終わる作品が主流になっていました。

「ロッキー」は、厳密にいえば三流のボクサーが大健闘したもののチャンピオンとの試合に負けてしまう物語で、アンハッピーエンドの側面もあります。

しかし、**「ロッキー」を観た多くの者は、彼を敗者とはみなさない**——。別の意味でチャンピオンをしのぐ何かがあったことを私たちに伝えてくれるからです。

時代の転換点にあった背景を踏まえた上で、その「何か」をぜひ堪能してほしいと思います。

ドゥ・ザ・ライト・シング（1989）

ブラックカルチャーを広めた記念碑的作品

● 人種差別問題をアフリカ系アメリカ人の視点で描く

監督
スパイク・リー

脚本
スパイク・リー

出演者
ダニー・アイエロ
オジー・デイヴィス
ルビー・ディー
ジャンカルロ・エスポジート

スパイク・リー
サム・ジャクソン　他

あらすじ

ニューヨーク市ブルックリンにあるベッドフォード・スタイヴェサントは、黒人の貧困層や多民族が暮らしているエリア。主人公の黒人ムーキーは、この街で、イタリア系アメリカ人・サルとその息子の兄ピノ、弟ビトの一家が経営するピザ屋で配達の仕事をしています。

その年一番の猛暑の日、ムーキーの友人であるバギン・アウトがサルの店に現れ、店の壁にイタリア系の有名人の写真が飾ってあるのに黒人の写真が貼られていないことについてサルに文句を言い始めます。

それがきっかけとなって、それぞれの住民が抱えていた、鬱積した怒りや不満が爆発。うだるような暑さも相まって、住民たちの我慢も限界に達してしまい、いつしか黒人、イタリア系、アジア系といった、人種間が衝突する暴動にまで発展していき……。

●コトブキツカサ　かく語りき

1989年にアメリカで公開されたスパイク・リー監督・主演・脚本・製作の作品。主人公のムーキーを演じているスパイク・リー監督の存在を世界中に知らしめた映画です。

ブルックリンを舞台に人種差別を扱った本作は、**黒人の貧困層の現実とブラック・カルチャー**（アフリカ系アメリカ人のコミュニティで生まれた文化。音楽やファッション、ダンスなど）を広めた点でも知られています。

ニューヨークの社会派ヒップホップ・グループ「パブリック・エネミー」の代表曲である「Fight The Power」（ファイト・ザ・パワー／「権力に立ち向かえ」の意味）は、この映画のために作られた曲で、劇中でも繰り返し流れます。

余談ですが、アメリカ史上初のアフリカ系アメリカ人の大統領となったバラク・オバマ元大統領とミッシェル夫人が初デートで観に行った映画は「ドゥ・ザ・ライト・シング」だったそうです。

トイ・ストーリー（1995）

世界初のフルCGアニメーション

●ディズニー／ピクサー作品の原点にして金字塔

監督
ジョン・ラセター

脚本
ジョス・ウィードン
アンドリュー・スタントン
ジョエル・コーエン
アレック・ソコロウ

声優
トム・ハンクス

ティム・アレン
唐沢寿明
所ジョージ　他

あらすじ

主人公のアンディ少年はおもちゃやぬいぐるみが大好き。とりわけ見た目がちょっと古めかしい保安官のカウボーイ人形「ウッディ」がお気に入りです。

アンディの誕生日の日、彼のおもちゃコレクションに、プレゼントでもらった最新式のおもちゃ「宇宙ヒーロー　バズ・ライトイヤー」が加わります。するとアンディは、それまでお気に入りだったウッディよりも、バズ・ライトイヤーを一番かわいがるようになってしまいます。

この状況を苦々しく思っているのがウッディです。なぜなら、人間の前では決して動いたりしませんが、おもちゃやぬいぐるみは、じつは本当は生きていたのです。アンディ家の引っ越しが近づいたある日、アンディのお気に入りの座をバズに奪われ嫉妬に駆られたウッディは、バズをベッドの下に落とそうと画策。しかし、そこから思わぬハプニングが発生してしまいます。

●コトブキツカサ　かく語りき

ピクサー・アニメーション・スタジオによる**世界初のフルCGアニメーション**として永久に語り継がれる一作。

「トイ・ストーリーが登場する前」と「トイ・ストーリーが登場した以降」と語られるほど、**アニメ映画の歴史を変えた分岐点**のような役割を果たしています。

ピクサー・アニメーション・スタジオが、大赤字のハードウェア開発会社から世界一のアニメ制作会社に至るまでの紆余曲折もドラマチックな道のりでした。ご興味のある方には、以下の本をすすめします。

・『ピクサー 早すぎた天才たちの大逆転劇』（デイヴィッド・A・プライス著／早川書房）
・『PIXAR〈ピクサー〉世界一のアニメーション企業の今まで語られなかったお金の話』（ローレンス・レビー著／文響社）

ダークナイト（2008）

アカデミー賞のルールを変えたアメコミ実写映画

●**作品賞のノミネートを逃したことが大騒動に**

監督
クリストファー・ノーラン

脚本
クリストファー・ノーラン
ジョナサン・ノーラン

出演者
クリスチャン・ベール
マイケル・ケイン
ヒース・レジャー

ゲイリー・オールドマン
アーロン・エッカート
マギー・ギレンホール
モーガン・フリーマン　他

あらすじ

荒廃した大都市ゴッサム・シティ（衆愚の町）の銀行を、犯罪者であるジョーカーに雇われたピエロのマスクを被った者たちが襲います。役目を終えたピエロの男たちは次々と殺され、最後に残った1人のピエロが銀行に預金されていたマフィアの資金を奪って逃走します。その最後に残った者こそ、銀行強盗の一味に紛れ込んだ、顔にピエロのメイクを施したジョーカーでした。

ゴッサム市警のジム・ゴードン警部補は、悪人を根絶やしにして犯罪から街を守ることを決意するバットマンとともに、組織犯罪撲滅を目指していました。

しかし、世界を混沌の中に叩き込んで秩序を乱そうとするジョーカーが現れたことでゴッサム・シティの治安は乱れ、悪と狂気が無数にはびこる都市となってしまうのです。

●コトブキツカサ　かく語りき

クリストファー・ノーラン監督による**DC**（ディテクティブ・コミックス／刑事・探偵コミック）**『バットマン』の実写映画**。

上映時間152分のうち、約30分がIMAX（アイマックス）コーポレーションが手掛ける高解像度の**IMAXカメラ**で撮影されました（劇映画初）。

「ダークナイト」は世界中で大ヒットし、批評家からも絶賛され、2009年の第81回アカデミー賞では8部門（助演男優賞、撮影賞、美術賞、メイクアップ賞、視覚効果賞、音響編集賞、編集賞、録音賞）にノミネートされ、2部門（助演男優賞、音響編集賞）を受賞しました。

しかしながら、観客や批評家からの評価が高かったにもかかわらず、本作がアカデミー作品賞の候補枠5本に選出されなかったことで異論が噴出。これが物議を醸し、翌年から**アカデミー賞作品賞の候補枠が5作品から最大10作品へと拡大されるルール変更**が行われました。

パラサイト　半地下の家族（2019）

非英語作品において初のオスカー受賞

●予測不能な展開に全世界が熱狂

監督
ポン・ジュノ

脚本
ポン・ジュノ
ハン・ジンウォン

出演者
ソン・ガンホ
チェ・ウシク
パク・ソダム

チャン・ヘジン
イ・ソンギュン　他

あらすじ

薄汚れた狭い半地下のアパートに住んでいるキム一家。家族全員が失業中です。ある日、ひょんなことから長男のギウは名門大学に通う大学生のふりをしてIT企業の社長・パク氏の豪邸で家庭教師のアルバイトを始めます。その後、妹のギジョンも家庭教師、父親のギテクは運転手、母親のチュンスクは家政婦としてパク氏の家庭に入り込み、お互いに家族であることを伏せたまま就職します。

しかし、パク氏の息子ダソンだけは、4人の共通点に気づいてしまいます。

●コトブキツカサ　かく語りき

第92回アカデミー賞で作品賞を含む6部門にノミネートされ、作品賞、監督賞、脚本賞、国際長編映画賞の最多4部門を受賞。**非英語作品のアカデミー賞作品賞受賞は初。**アカデミー作品賞とカンヌ国際映画祭での最高賞をダブル受賞したのは**「マーティ」**（1955）以来の快挙。本作については152ページでも触れています。

エブリシング・エブリウェア・オール・アット・ワンス（2022）
多様化するハリウッドを印象づけた作品

● **オスカー受けしないSFコメディが初受賞**

監督
ダニエル・クワン
ダニエル・シャイナート

脚本
ダニエル・クワン
ダニエル・シャイナート

出演者
ミシェル・ヨー
キー・ホイ・クァン

ステファニー・スー
ジェニー・スレイト
ハリー・シャム・ジュニア
ジェームズ・ホン
ジェイミー・リー・カーティス　他

あらすじ

コインランドリーの経営難や家族の問題など、複数のトラブルを抱えるエヴリンが、夫ウェイモンドと税務署に行くと、マルチバース（並行宇宙）で生きる別のウェイモンドが現世の夫に乗り移り、「全宇宙を救えるのは君だけだ」と全宇宙の命運をエヴリンに託します。

わけがわからず混乱するエヴリンですが、マルチバースの世界に飛び込み、カンフーの達人や歌手など、現世の自分とは異なる「別の宇宙で生きるエヴリン」の驚異的な能力を得て、脅威的存在であるジョブ・トゥパキと戦います。

全宇宙の命運は、ジョブ・トゥパキを倒してマルチバースの崩壊を防げるかどうかにかかっていたからです。

●コトブキツカサ　かく語りき

2022年に公開されたダニエルズ監督によるコメディタッチのSF映画。第95回アカデミー賞で11部門ノミネートされ、作品賞を含む7部門でオスカーに輝き、ミシェル・ヨーは本作でアジア人初の主演女優賞を受賞。また、**オスカー受けしないといわれるSFムービーが初のアカデミー作品賞を受賞**したことでも注目されました。長いタイトルは国内において「エブエブ」と略され大ヒットしました。

アジア系の移民、LGBTQ+、障がい者などの**マイノリティにスポットライト**を当て、税金、親の介護、夫婦のすれ違い、セクシュアリティによる抑圧といった多様性を重視している本作のオスカー受賞は、ハリウッドの変化を印象づけました。

◇

およそ130年にわたる映画史の中で、僕の独断と偏見で10本取り上げましたが、当然ながら紹介した作品以外にも時代を変えた映画が存在します。

読者の皆さんも**「あなたにとってのエポックメイキングな映画」**を10本選出してみるのも一興かもしれません。今現在のあなただけの10本を次ページに記入してみましょう。この記録も歴史の1ページになるはずです。

あなたにとってのエポックメイキングな10本は？

年　　月　　日（　　）

①

②

③

④

⑤

⑥

⑦

⑧

⑨

⑩

ピクサー映画と謎の暗号「A113」

アニメーション映画の革命といわれたのが劇場用長編映画としては世界初のフルCGアニメーションでピクサー映画の記念すべき第1作目である**「トイ・ストーリー」**（104ページ参照）。

本作は3億9000ドル以上の興行収入をあげ、アカデミー賞でも多数ノミネートを果たし、シリーズ化もされました。

ピクサー映画は、全作品に「A113」という文字が必ずどこかに登場します。「トイ・ストーリー」ではアンディのママが乗る車のナンバー、**「ファインディング・ニモ」**ではダイバーのカメラ、**「レミーのおいしいレストラン」**ではネズミのギットのタグに表記されています。

作中で暗号的に入れ始めたのは、アニメ界の重鎮ブラッド・バード監督といわれています。この「A113」とは、ハリウッドで働く多くのアニメーターを輩出したカリフォルニア芸術大学（通称カルアーツ）アニメーション学科の生徒が授業を受けていた教室番号で、バード監督も同大学の出身です。

「A113」をどこかに忍ばせる理由は、仲間内でしかわからない番号を登場させる遊び心と、学生時代（初心）を忘れないようにというメッセージといわれています。

ちなみにバード監督は**「ミッション：インポッシブル／ゴースト・プロトコル」**（2011）の監督でもありますが、トム・クルーズが演じる主人公イーサンが敵から逃げながら現在地を仲間に伝える時、大きな声で「アルファ（A）113」と叫んでいます。

第4章

映画の世界の表と裏

著名な映画賞・映画祭の成り立ち

●世界三大映画祭に含まれないアメリカ・アカデミー賞

「有名な映画賞」として多くの方が真っ先に思い浮かべるのがアメリカのアカデミー賞だと思います。年に一度、ハリウッドセレブがドルビーシアター前のレッドカーペットを歩く映像は華やかで、こうした場を取材する機会の多い僕の肌感覚としても、マスコミからの注目度は世界一だと実感します。

しかし、**世界三大映画祭**の中に、このアメリカ・アカデミー賞が含まれていないのはご存じでしょうか？　世界三大映画祭とは、

・カンヌ国際映画祭
・ベルリン国際映画祭

・ヴェネツィア国際映画祭

の3つを指します。

世界各国には歴史ある映画賞があり、その成り立ちは千差万別です。

例えば、アメリカ・アカデミー賞は世界で最も華やかな映画賞であることは誰もが認めると思いますが、もともとはハリウッドで働くスタジオの重役や俳優や監督などが集まり、一年に一回、お互いの労をねぎらう晩餐会からスタートしました。三大映画祭より知名度があり、歴史もありますが、もともとは国内の映画産業に関わるものを対象にしたドメスティックな祭典なのです。

このように世界中に存在する映画祭は、それぞれ独自のきっかけと発展を経て現在に至っています。

●世界の有名な映画賞・映画祭にはどんなものがあるか

世界の映画人に注目される映画賞・映画祭は、さまざまな場所で開催されています。ここでは主な映画祭・映画賞にはどんなものがあるか、駆け足で見ていくことにします。

・**アカデミー賞**（アメリカ／毎年2〜3月）

1929年設立。映画芸術科学アカデミー（AMPAS）会員の投票によって決定。会員の多くはハリウッドの業界関係者。受賞者には裸の男性の立像「オスカー像」を贈呈。

・**ゴールデングローブ賞**（アメリカ／毎年1月）

1943年設立。ハリウッド外国人映画記者協会（ロサンゼルス近郊を拠点とするヨーロッパ、アジア、オーストラリア、ラテンアメリカの新聞・雑誌記者による団体）が選出。

・**英国アカデミー映画賞**（イギリス／毎年2月頃）

1946年設立。英国映画テレビ芸術アカデミー主催。受賞者にはお面（悲喜劇のマスク）型のトロフィーを進呈。

・**ベルリン国際映画祭**（ドイツ／毎年2月）

1951年設立。ドイツの代表的な映画祭で世界三大映画祭のひとつ。最優秀作品賞に金熊賞を贈呈。クマはベルリン市のシンボルマーク。

・カンヌ国際映画祭（フランス／毎年5月）

1946年設立。フランス国際映画祭協会主催。世界三大映画祭のひとつ。審査員は著名な映画人や文化人によって構成。最高賞はパルム・ドール（フランス語で「黄金のシュロ」の意）で、フランスを代表する芸術家ジャン・コクトーがデザインし、ハイジュエラーのショパールが制作するトロフィーを進呈。

・ヴェネツィア国際映画祭（イタリア／毎年8～9月）

1932年、ビエンナーレ現代美術展の1セクションとして設立。世界三大映画祭のひとつ。最高賞は金獅子賞。ヴェネツィアの街を守る守護聖人は聖マルコとされており、羽の生えたライオン（有翼の獅子）が聖マルコのシンボルであったことから、この名がつけられている。

・トロント国際映画祭（カナダ／毎年9月）

1976年に設立。国際映画製作者連盟、映画芸術科学アカデミー（AMPAS）公認の、審査員がおらずアワードを競わない「ノン・コンペティション」の映画祭。

・日本アカデミー賞（日本／毎年3～4月）

1978年にアメリカの映画芸術科学アカデミー（AMPAS）の許諾を得た上で、日本アカデミー賞協会により設立（「アカデミー賞」の名で表彰できるのはアメリカ・イギリス・日本だけ）。受賞者には、彫刻家・流政之氏が制作した全長3メール20センチの巨大なモニュメント「映画神像」を小型化したトロフィーを進呈。実物の「映画神像」は現在、東京都有楽町マリオン、北海道札幌シネマフロンティア、福岡県T・ジョイ博多に設置されている。

・ブルーリボン賞（日本／毎年1月発表、2月授賞式）

1950年設立。日本の7つの新聞社（スポーツ報知・デイリースポーツ・サンケイスポーツ・東京中日スポーツ・東京スポーツ・スポーツニッポン・日刊スポーツ）の映画担当記者で構成された団体「東京映画記者会」が主催。当初は財政的問題で賞品等がなく、青色のリボンで結んだ賞状を渡したことから「ブルーリボン賞」と呼ばれ、後に正式名称となった。受賞者には高級筆記具・モンブランの万年筆が、受賞者名入りで贈られる。

・東京国際映画祭（日本／毎年10〜11月）

1985年設立。公益財団法人ユニジャパンが主催する国際映画製作者連盟公認のアジア最大級の国際映画祭。共催者として、経済産業省、国際交流基金アジアセンター、東京都も名を連ねている。コンペティティブ部門の受賞者には東京の伝統工芸である江戸切子のカットを施したトロフィーが進呈される。

・青龍《チョンニョン》映画賞（韓国／毎年12月）

1963年に朝鮮日報社によって設立。韓国最大の映画祭。一時中断を経て、1990年にスポーツ朝鮮の創刊を記念し復活。授賞式の合間に人気アーティストやアイドルの祝賀公演がはさまれる点も見どころとなっている。

・MTVムービー・アワード（アメリカ／毎年4月）

1992年設立。アメリカMTVの視聴者の投票によって決定される映画賞。一般の比較的若い世代の関心が高い映画賞。視聴者層がアメリカ在住の10〜20代が多いことから、他の映画賞でノミネートさえされない若者向けのアクション映画やコメディ映画が賞を獲得することがよくある。2024年は休止。2025年は「再構築された」形式で復活する。

・アジア・フィルム・アワード（香港／毎年3月頃）

2007年に香港国際映画協会が設立した映画祭。2013年からはアジア・フィルム・アワード・アカデミー（釜山国際映画祭、香港国際映画祭、東京国際映画祭によって共同設立された非営利団体）が開催。開催場所は香港で、アジア全域版アカデミー賞と位置づけられている。

新しいルール作りが求められている世界の映画賞

●ハリウッドを震撼させたMe Too運動

映画賞の存在がクリエーターや映画製作者の指標になっているのは間違いなく、「観客に楽しんでもらいたい」という気持ちとともに、「映画賞を受賞して評価されたい」という承認欲求もあるはずです。

しかし、ここ数年の映画賞の存在は過渡期にあり、改革が求められています。

例えば、アメリカ・アカデミー賞でいうと、2017年、ハリウッドを震撼させたのが、**Me Too運動**のきっかけともなったハーヴェイ・ワインスタインのセクシュアルハラスメント事件です。

映画プロダクション「ミラマックス」の設立者で、「オスカー請負人」とまでい

われていたハリウッドの大物映画プロデューサー、ハーヴェイ・ワインスタインが、長年にわたって多数の女性を暴行し、事件を口外しないよう隠蔽工作を行ってきたことを告発する記事が発表されました。

この告発はアメリカ社会に衝撃を与え、性暴力および性的虐待を受けていた女性たちが声を上げる「#MeToo運動」と呼ばれる世界的社会現象となり、男性権力者による性犯罪が告発されるようになった傾向はワインスタイン効果といわれるようになりました（詳細は次節で解説します）。

こうしたセクシュアルハラスメント事件のほかにも、特定の作品や個人の評価が高まるように、ロビー活動ばかりに投票権を持つ会員に働きかける行動によって、オスカーの行方が左右されていることを非難する声も上がっています。

アカデミー賞の主催団体、映画芸術科学アカデミー（AMPAS）の**会員の高齢化**や**白人男性が多い**ことなど、構成比率についても問題視されてきました。

2015年のアカデミー賞では、俳優部門のノミネートが白人俳優で占拠されたため、「Oscars So White」（オスカーはとても白い＝白人受賞者が多い）として、SNSを中心に、白すぎるオスカー（#OscarSoWhite）と批判するコメントが相次ぎました。

●水の流れを止めてはいけない

ゴールデングローブ賞も、選考委員が白人のみであることが問題視されました。

さらに、**「ハムナプトラ」**（1999）や**「ザ・ホエール」**（2022）で知られる俳優ブレンダン・フレイザーが、同賞を主催するハリウッド外国人記者協会の元会長フィリップ・バーク氏からセクハラ行為を受けたことを告白（ブレンダン・フレイザーはセクハラを受けたあと、心の病から俳優業を一時休止）。トム・クルーズは同協会への抗議の表明として、自身が獲得したゴールデングローブ賞のトロフィーを3本返還しています。

アカデミー賞もゴールデングローブ賞も、過去の過ちや古いしきたりなどを改善しようと善処しています。**「アイアム ブルース・リー」**（2012）の劇中で、「流れる水は決して腐らない」という台詞が出てきますが、逆にいえば、水の流れを止めれば必ず腐ります。だからこそ、すべての物事は常にアップデートが必要なのです。現状維持を選択しないという改善が、映画賞にも求められています。

ハリウッドから始まったセクハラ撲滅運動

●セクハラ問題に対する糾弾の気運が世界に伝播

２００６年にアメリカの市民活動家タラナ・バークが中心となって、若い黒人女性たちを支援する非営利団体「Just Be Inc.」が設立されました。

この団体は家庭内で性虐待を受けている少女の支援を目的に誕生しており、２００６年、性暴力被害根絶活動のスローガンとして**「Me Too」**を提唱しました。

時を経て約10年後の２０１７年、雑誌『ニューヨーク・タイムズ』の2人の女性記者（ジョディ・カンターとミーガン・トゥーイー）が、かねてより性的虐待疑惑のあったハリウッドの大物プロデューサー、ハーヴェイ・ワインスタインによるセクシュアルハラスメントを告発する記事を発表しました。その過程を描いたのが**「SHE**

SAID／シー・セッド その名を暴け」（2022）なのです。

『ニューヨーク・タイムズ』の記事が世間を騒がすと、ハリウッドにおけるセクハラ問題を公にしていた女優のアシュレイ・ジャッドや、それまで口をつぐんでいた被害者たちが、次々と実名でワインスタインのセクハラを告発しました。

さらに、雑誌『ザ・ニューヨーカー』も被害者の取材記事をウェブで発表すると、ハリウッドのセクハラ問題に対する糾弾の気運が高まり、女優アリッサ・ミラノが被害を受けたことがある女性たちに向かって、X（旧Twitter）で「Me Too」と声を上げようと呼びかけたのです。

すると多くのハリウッドセレブや映画ファンなどの賛同を得てセクハラ告発が広まり、**「#Me Too」**という運動が起こりました。

ハリウッドから始まったセクハラ撲滅運動は世界的に広まりました。

イタリアでは「#quellavoltache（あの時）」というハッシュタグがポストされ、女優アーシア・アルジェントによる性的暴行疑惑がSNSで拡散されました。フランスでは「#BalanceTonPorc（豚を告発せよ）」というハッシュタグでセクハラ撲滅のポストが広まり、韓国では、多くの政治家や俳優、文化人がセクハラの告発を受けました。日本でも、過去に性被害を受けたことをジャーナリストや作家、モデル、女優たちが世間に訴えました。

ワインスタインの悪行に関して、多くのハリウッド女優が過去に自分が受けた被害をインタビューで語りました。

例えば、グウィネス・パルトローはワインスタインに不適切な行為をされた後、当時パートナーだったブラッド・ピットにその旨を話し、ブラッド・ピットがワインスタイン本人に二度と同じことを繰り返すなと強く忠告したそうです。

一方で、ニコール・キッドマンは、「当時、とても力のある人が夫(トム・クルーズ)だったおかげで、セクハラ被害を受けないで済んだ」と答えています。

ハーヴェイ・ワインスタインは裁判を受け、禁錮刑が確定しました。彼以外にも、ケビン・スペイシー、ウッディ・アレン、アーミー・ハマー、モーガン・フリーマン、ビル・マーレーなど、そうそうたる面々が過去のセクハラ行為などの疑いで、名指しで告訴されたり批判されたりしました。

●この問題は「過去のニュース」ではない

ハリウッドのセクハラ問題が浮上した数か月後、僕はアメリカ・ハリウッドへ行き、ハーヴェイ・ワインスタインにインタビューするためアポイントメントを取ろうとしました。しかし、予想通りその壁は厚く、なかなかコンタクトが取れません。

そこで、彼がオーナーを務めるロサンゼルスのレストランへ行き、店員に話を聞くことにしました。ワインスタインについて質問してもノーコメントの店員が多い中、1人の男性店員がインタビューに応じてくれました。

「ハーヴェイがしたことはわからない。ただ、**ハリウッドはひとつの村であり、みんな共同体なんだ。**ハーヴェイがオーナーのこの店だって、もう1人のオーナーを知ってるか？　あのロバート・デ・ニーロだぜ」

直接的ではないにしろ、ワインスタインを擁護する雰囲気を男性店員から感じました。

さらに、チャイニーズ・シアター前で街頭インタビューをしていた某放送局で働く女性アナウンサーにもハーヴェイの事件について聞いてみました。彼女の場合は事件を報道する側の立場にありますが、返ってきた言葉は、こうでした。

「**ハリウッドで女性がキャリア・アップを図るには、そうしたことを受け入れる場合もある。**当然よ」

ワインスタインの店で働く男性店員やハリウッドで働く女性アナウンサーは、自分の立場を考慮しながら、正直な気持ちを語ってくれたと思います（もちろん、このような意見が多数派だとは思いませんが）。

しかし、悪しき風習や慣習を改善しなければ業界の発展は絶対に望めません。僕の学生時代は、先生が生徒に体罰を振るうのは日常でしたが、当然、今は許されません。世のルールは日々変化を繰り返して適応していくものです。

「#MeToo」はまだ終わったわけではなく、世界、そして日本のセクハラやパワハラの問題がすべて解決したわけではありません。だからこそ、己の利益や立場を超越して、時代に即した「健全」を求め続けなければいけないと思うのです。

#MeToo の問題は、まだ過去のニュースではないのです。

ハーヴェイ・ワインスタイン…映画プロダクション「ミラマックス」の設立者（後にウォルト・ディズニー社に買収）で、ワインスタイン・カンパニー元社長。ハリウッドで最も影響力のあるプロデューサーとして活躍していたが、過去数十年に及ぶ性暴力や性的虐待の告発を受け、2023年にロサンゼルスの裁判所で禁錮16年の判決を受ける。

主なプロデュース作品

トゥルー・ロマンス（1993）、パルプ・フィクション（1994）、イングリッシュ・ペイシェント（1996）、グッド・ウィル・ハンティング（1997）、ジャッキー・ブラウン（1997）、恋におちたシェイクスピア（1998）、ロード・オブ・ザ・リング（2001）、ギャング・オブ・ニューヨーク（2002）、シカゴ（2002）、キル・ビル（2003）、コールド マウンテン（2003）、英国王のスピーチ（2010）　など多数

邦画界のハラスメント問題に立ち上がった監督たち

●映画監督有志が声明文を発表

ハリウッドといった世界の映画界だけでなく、邦画界でもＳＮＳの影響を受け、それまで表立って報道されてこなかった過酷な労働環境、スタッフや俳優への対価、ハラスメントなどの問題がつまびらかになりました。

特にセクハラ・パワハラ問題は、被害者や関係者がソーシャルメディアで告発、週刊誌も追随して報道し、世間に広く知れ渡りました。

こうした現状を憂いて、２０２２年、是枝裕和、諏訪敦彦、岨手由貴子、西川美和、深田晃司、舩橋淳などの映画監督たちは、連名で、**「私たちは映画監督の立場を利用したあらゆる暴力に反対します。」**という声明文を発表しました。とても大事なメッセージなので、ここでは全文を引用させていただきます。

日本版CNC（セーエヌセー）設立を求める会／action4cinema

私たちは映画監督の立場を利用したあらゆる暴力に反対します。

映画監督による新たな暴力行為、性加害が発覚しました。報道されている行為、その内容は決して許されるものではありません。被害にあわれた方々がこれ以上傷つくことがないこと、また当該の映画監督の作品において権限のある立場の関係者は、その現場で同様の問題がなかったかを精査すること、もしあった場合には被害者のために何ができるかを検討することを望みます。「映画に罪はない」と拙速に公開の可否を判断する前に、まず被害者の尊厳を守ることに注力すべきです。

被害者への誹謗中傷、二次被害、三次被害につながらないための配慮が、メディアにも、私たちにも求められます。

映画はひとりの力で作ることはできません。監督だけではなく、プロデューサー、技術スタッフ、制作部、演出部、そして俳優部、多くの関係者の協働によって一本の映画が成立します。だからこそ、互いの人格を尊重しあうこと、仕事上の大切なパートナーであるという意識を持つことが必要です。

特に映画監督は個々の能力や性格に関わらず、他者を演出するという性質上、そこには潜在的な暴力性を孕み、強い権力を背景にした加害を容易に可能にする立場にあることを強く自覚しなくてはなりません。だからこそ、映画監督はその暴力性を常に意識し、俳優やスタッフに対し最大限の配慮をし、抑制しなくてはならず、その地位を濫用し、他者を不当にコントロールすべきではありません。ましてや性加害は断じてあってはならないことです。

撮影現場の外においても、スタッフや俳優の人事に携わることのできる立場にある以上、映画監督は利害関係のある相手に対して、自らの権力を自覚することが求められます。ワークショップのような講師と生徒という力関係が生まれる場ではなおさらです。

以上のことを、まずは私たち映画監督の立場から書きましたが、プロデューサーや助手を率いるスタッフも、十分に気をつけなくてはならないことです。パワハラやセクハラはジェンダーを問わず誰もが加害者、被害者になりえますが、映画業界がいまだに旧態依然とした男性社会であること、性差別が根強いことを考えれば、キャリアのある男性から率先して自身の特権性を省み、慎重に振る舞わなくてはなりません。さらに、その価値観を当然として受け入れてきた女性の監督、プロデューサー、スタッフもまた例外ではないでしょう。

映画の現場や映画館の運営における加害行為は、最近になって突然増えたわけではありません。残念ながらはるか以前から繰り返されてきました。それがここ数年、勇気を持って声を上げた人たちによって、ようやく表に出るようになったに過ぎません。被害を受けた多くの方がこの業界に失望し、去っていった事実を、私たちは重く受け止めるべきではないでしょうか。

私たちには、自らが見過ごしてきた悪しき慣習を断ち切り、全ての俳優、スタッフが安全に映画に関わることのできる場を作る責任があります。そのために何ができるかを考え、改善に向けたアクションを起こしてゆきます。

私たちの声明にご賛同頂ける方は、是非 action4cinema@gmail.com までメッセージをお送りください。

最後に、イギリスのロイヤル・コートシアターにおいて、２０１７年にセクシュアル・ハラスメントとパワー・ハラスメント防止策として劇場で働く人々に向けて掲げられた規範の一部を抜粋、引用します。

「私たちは、自分が持っている権力に責任を持たなければならない。
自分より弱い立場にある人たちに対して、
その権力を不当に行使しないこと。
自分の欲すること、それを欲する理由、
それを手に入れるために自分が何をしているか、
そして、その自分の行動がどのような影響を与えるかを考えること。
創作のためのスペースは、安全でなければならない」

2022年3月18日

是枝裕和、諏訪敦彦、岨手由貴子、西川美和、深田晃司、舩橋淳（五十音順）

日本版CNC（セーエヌセー）設立を求める会（通称：action4cinema）

フランスのCNC（セーエヌセー／国立映画映像センター）は、映画業界を幅広く手厚く支援する組織。是枝裕和監督、諏訪敦彦監督たちは、低賃金労働問題やハラスメントなど日本の映画業界が抱えるさまざまな問題を構造から変えていくためにこの組織を立ち上げた。
https://www.action4cinema.org

ハリウッドにおけるストライキの歴史

●俳優・脚本家vsスタジオ　権利をめぐる長い戦いの歴史

２０２３年11月、全米映画俳優組合（SAG-AFTRA／以下、ＳＡＧ）が**１１８日間のストライキ**を経て全米映画テレビ製作者協会（ＡＭＰＴＰ）と和解したというニュースが世界に発信され、映画ファンは一様に安堵しました。

ＳＡＧ側は俳優の権利を、そしてＡＭＰＴＰ側は企業の利益を求めた争いは、これまでハリウッドで何度も行われてきたという事実を踏まえ、ここではハリウッドにおけるストライキの歴史を駆け足で振り返りたいと思います。

１９４０年代にもハリウッドでの労働争議はありましたが、一般的に最も有名なハリウッド・ストライキは、１９６０年のＳＡＧと脚本家組合（ＷＧＡ）の同時ストライキです。

当時のSAGの組合員は約1万4000人で（現在は16万人以上）、スタジオ側の力が圧倒的に強く、トップ俳優は手厚い待遇がなされていても、それ以外の俳優は虐げられていました（脚本家も一部トップライターを除いて低収入だった）。

劇場公開された大作映画をすぐにテレビ放送すると観客数が減るので、スタジオ側は拒否していましたが、1950年代後半になると財政的に苦しくなっていたスタジオ側が収入面を考慮して、大作映画のテレビ放送を緩和。するとSAG側はテレビ放送された際の収入の一部還元を要求します。

1948年以降に劇場公開映画がテレビで放送された際、スタジオ側が得た収入の2%を俳優が受け取れる要求をSAG側は訴えましたが、AMPP（全米映画製作者協会。AMPTPの前身）は拒否しました。

しかし、1960年1月31日以降に制作された作品がテレビ放送された際の**ロイヤリティの支払い**などの要求をAMPPが了承し、最終的に対立は終焉します。

そしてWGAによる最低賃金の引き上げなどの要求もAMPPが認め、大手映画会社との仕事を再開します（この争いをＳＡＧ側の代表として終わらせた功労者が、当時は俳優でのちにアメリカ合衆国の大統領となったロナルド・レーガンです）。

その後は各団体とＡＭＰＴＰとのさまざまな交渉・決裂・ストを繰り返しながら、2023年7月にハリウッドでは60年ぶりのダブル・ストライキ（ＳＡＧ・ＷＧＡ対ＡＭＰＴＰ）に突入したのです（ＳＡＧにはアメリカで働く俳優、声優、アナウンサー、そしてインフルエンサーなどが加入していて、ＡＭＰＴＰにはNetflix、ディズニー、ワーナー、パラマウントなどが加入しています）。

ＳＡＧ側は**最低賃金の引き上げ**、**再放送料の増額**、**ＡＩの規制**などをＡＭＰＴＰに求めました。

最低賃金の引き上げに関しては、急速な勢いで映画の**ストリーミング視聴**が広がったので、これまでテレビやラジオからの再放送収益を手にしてきた多くの俳優や脚本家などの収入が激減したのが訴えの理由です。

加えて、**ＡＩ技術の進化**により俳優のコピーが映像として作品に登場する際、当事者の許可なく映画に出演させるのは許し難いということで、スタジオ側に是正を求めたのです。

●ダブル・ストライキ2023による桁違いの経済損失

ストライキ中は多くの規制があります。

例えば、俳優は**撮影参加やプロモーションは禁止**、新作映画に対する**ソーシャルメディアでの投稿もNG**です（60年ぶりのダブルストの影響で、多くのハリウッドセレブの来日プロモーションが中止となりました）。

「ハリウッド・ダブル・ストライキ2023」は、WGAが2007年以来の大規模ストライキに突入したことと、1980年以来のSAGの大規模なストライキが同時期に行われたことで世界的ニュースとなりました。このストライキがもたらすカリフォルニア州の経済損失は1日約41億円で、総額5500億円以上のマイナスだといわれています。

長い交渉の末、WGAとAMPTPが和解、その後、SAGとAMPTPが合意してストライキは終結しました。しかし、合意は暫定的なものであり、**俳優の生成AI問題**（**デジタル肖像権の保護**）や、**ストリーミング再生時の二次使用料支払い**など、ハリウッドに降りかかる問題がすべて解決したわけではないのです。

映画監督と原作者との確執

●スタンリー・キューブリックvsスティーブン・キング

前節で俳優・脚本家vsスタジオの構図で、それぞれが権利をかけてストライキに発展する例を取り上げましたが、映画業界ではクリエーター同士が火花を散らすこともよくあります。

特に目立つのは**「映画監督」と「原作者」の意見の相違**ですが、これに関して、僕が思い出す有名なエピソードは、スタンリー・キューブリックとスティーブン・キングの確執です。

「ホラーの帝王」と呼ばれるアメリカを代表する作家スティーブン・キングの1977年に発行された長編小説『シャイニング』を、**「2001年宇宙の旅」**（19

68）や**「時計じかけのオレンジ」**（1971）などで知られるスタンリー・キューブリックが1980年に同名の**「シャイニング」**として映画化しました。

そもそもキューブリックは原作のファンで、何度も読み返した上で映像化の権利を得ました。しかし、キューブリックは原作を解体して再構築する手法をとる映画監督として知られています。いざ映画制作に入ると、原作に対する自分の解釈を強く落とし込んだ作品を完成させました。

例えば、原作での重要な描写として、過去に惨劇の舞台となった邪悪な意思を持つホテルがジャックを飲み込んで錯乱させていき、シャイニング（＝超能力）を持つ息子ダニーが父親の異変に気づく等がありますが、映画ではそれらがほとんど触れられていないに等しくなっています。

●キューブリック亡き後、執念を見せつけたキング

完成した作品を観たキングは、家族愛を強く押し出した小説のテーマが反映されていない〝怨霊ホラー〟になっていると激怒。

「とても美しいが、肝心のエンジンが入っていないキャデラック」

「自分の小説は温かいが、映画は非常に冷たい」
と酷評し、激しく反発したのです。

その後、キングは、映像化の権利を獲得しているキューブリックに、自ら再映像化するための許諾を求めます。そして、弁護士を介し、映画に対する批判を慎むと同意した上で、1997年、キングが製作総指揮兼脚本も担当したテレビドラマ「シャイニング」が3大放送局のひとつ・ABCで放映されました。

ちなみに、1999年にキューブリックが70歳で亡くなると、キングは映画版「シャイニング」の不満を度々語り始めました。

映画への批判を慎む旨の同意をした以上、これは個人的にマナー違反だと思いますが、キングの実の父親との関係を投影した小説『シャイニング』への強いこだわりを感じます。

このように映画監督と原作者の意見は衝突しましたが、映画「シャイニング」は多くの人の心に鮮明に刻まれ、ホラー映画として多大な影響力を与え続けています。

映画のレイティングシステムとは

●各国で微妙に異なるレイティングシステム

映画を鑑賞する場合、基本的にその作品にはレイティングが設けられます。映画のレイティングシステム（film rating system）とは、その映画を観ることができる年齢制限のことで、その基準は国によって異なります。

日本では**映画倫理機構**（通称・**映倫**）が以下のように分類やルールを決めています。

G（General Audiences）＝すべての観客
PG（Parental Guidance）＝親または保護者の助言・指導が必要
R（Restricted）＝観覧制限あり

Gはすべての年齢の観客が鑑賞可能です。

PG12は12歳未満（小学生以下）の映画鑑賞には成人保護者の助言や指導が必要となります（性・暴力・麻薬・残酷な描写や、未成年役の喫煙・飲酒・自動車運転など）。

R15+は15歳未満の入場と鑑賞が禁止となります（PG12より過激で刺激が強いものに加えて、いじめ演出や放送禁止用語を使用したり、反社が登場する作品や偽造犯罪などの作品）。

R18+は18歳未満の入場と鑑賞が禁止となります（世間的には18禁もしくは成人映画ともいわれ、「R15+」に加えて著しく性的な感情を刺激する行動描写や、麻薬・覚醒剤の使用を賛美するなどの反社会的な行動や行為が劇中で表現されている場合）。

ちなみに、日本映画のR指定第1号作品は、60年代のアングラ演劇ブームを牽引した演劇集団「状況劇場」の主宰者である唐十郎氏が初監督した異色の任侠映画**「任侠外伝 玄界灘」**（1976）、外国映画の第1号はアメリカ・アルゼンチン合作作品のスプラッター映画**「スナッフ/SNUFF」**（1976）といわれています。

世界の映画レイティングの例

<table>
<tr><th rowspan="2">年齢</th><th colspan="4">国と分類</th></tr>
<tr><th>日本</th><th colspan="2">アメリカ</th><th>韓国</th></tr>
<tr><td>1</td><td rowspan="11">G</td><td rowspan="12">G</td><td rowspan="12">PG</td><td rowspan="11">G</td></tr>
<tr><td>2</td></tr>
<tr><td>3</td></tr>
<tr><td>4</td></tr>
<tr><td>5</td></tr>
<tr><td>6</td></tr>
<tr><td>7</td></tr>
<tr><td>8</td></tr>
<tr><td>9</td></tr>
<tr><td>10</td></tr>
<tr><td>11</td></tr>
<tr><td>12</td><td rowspan="3">PG12</td><td rowspan="3">PG12</td></tr>
<tr><td>13</td><td colspan="2" rowspan="4">PG13</td></tr>
<tr><td>14</td></tr>
<tr><td>15</td><td rowspan="3">R15+</td><td rowspan="4">R15+</td></tr>
<tr><td>16</td></tr>
<tr><td>17</td><td colspan="2">R</td></tr>
<tr><td>18</td><td rowspan="2">R18+</td><td colspan="2" rowspan="2">NC-17</td></tr>
<tr><td>19</td><td>R19+</td></tr>
</table>

G ……………… 年齢を問わず鑑賞できる
PG ………… 児童に不適切な箇所あり。保護者の判断が必要
PG12 ……… 12歳未満は保護者の判断が必要
PG13 ……… 13歳未満は保護者の判断が必要
R15＋ ……… 15歳以上が鑑賞できる
R ……………… 17歳以下の青少年は親か成人の保護者同伴が必要
NC-17 …… 17歳以下は鑑賞禁止
R18＋ ……… 18歳以上が鑑賞できる
R19＋ ……… 19歳以上が鑑賞できる

●自主規制を促す「ヘイズ・コード」の影響

アメリカの映画界にはかつて**ヘイズ・コード**というルールがありました。これは1922に発足したMPPDA（アメリカ映画製作配給業者協会）の下部組織として1934年に設立されたPCA（映画製作倫理規定管理局）による映画製作倫理規定（プロダクション・コード）で、当時の会長ウィル・ヘイズの名前から俗に「ヘイズ・コード」として知られています。

ヘイズ・コードの成り立ちは、1929年にカトリック信徒のマーティン・クィッグリーとイエズス会のダニエル・A・ロード神父が、映画の倫理的規定を作成して映画スタジオに送ったことから始まりました。映画は観客にとって非常に影響力が強く、特に子どもに対するケアが必要であるとスタジオ側に訴えたのです。

この訴えがきっかけとなり、国からの介入を避ける意図が製作者サイドにも働き、自主的規制「ヘイズ・コード」を導入したのです。

初期のヘイズ・コードは、当時のカトリック信仰が色濃く反映されていました。

例えば、同性愛の恋愛や白人と黒人の性的関係などの表現が規制されるような道徳観を遵守するルールも制定されていたため、現場で映画を作るスタッフたちは表現の自由を訴えるようになっていき、マスコミもこの制度には懐疑的でした。

その後、1950年代に入り、妻を強姦した男を射殺する事件を扱った**「或る殺人」**（1959）、アメリカ映画史上初の男性の同性愛者を登場させた**「去年の夏 突然に」**（1960）など、ヘイズ・コードでは収まらない露骨な描写が含まれる作品が難色を示されながらも上映されるようになっていき、さらに名優トニー・カーティスとジャック・レモンの女装が題材となったビリー・ワイルダー監督作**「お熱いのがお好き」**（1959）がスタジオ製作者側の承認を得ずに劇場公開し、大ヒットを収めたことを発端に、ヘイズ・コードの効力は弱まり、1968年に正式に廃止されました。

このように、カトリックの影響を受けた拘束力を持つヘイズ・コードが廃止された後、緩やかな拘束力を持たせたルールがレイティングシステムといえます。

映画大国のアメリカ・ハリウッドでは多くの映画館が加盟しているMPA（モーション・ピクチャー・アソシエーション／アメリカの業界団体）がレイティングを設定してい

ます。

規制的に緩いと思われがちなハリウッドですが、暴力シーンや性描写への制限だけでなく、下品で卑猥な言葉には非常に厳しい制限が設けられています。劇中でFワード（Fで始まる罵詈雑言）が出てくるとPG13は確実、2回以上出てくればR指定となります。ドラッグ使用のシーンがあれば最低でもPG13の対象となるのです。当然R15＋やR18＋になると子どもが観られなくなり、興行収入の損失に繋がるので、配給・スタジオ側からすれば過激な表現を抑えてほしいと望みます。

一方、監督からすれば自由な映像描写や台詞を作品に投影したいと願い、時として鬩《せめ》ぎ合いになります。さらに、作品が地上波放送される際などでは、過激なシーンや言葉がカットされることが往々にして起こるのです。

アメリカをはじめ世界各国の映画界では独自のレイティングシステムが設定されていて、劇場鑑賞において未成年などに悪影響を及ぼさない措置がとられています。しかし昨今では**ストリーミング視聴の年齢確認**の対処法などの課題を抱えているのも現実です。

韓国映画が世界的に躍進した理由

●2020年、ハリウッドを席巻した韓国映画

2020年2月7日、アメリカ・アカデミー賞の取材で僕はロサンゼルス・ハリウッドにいました。

日本での作品賞予想は、アカデミー賞前哨戦で結果を出していたサム・メンデス監督**「1917 命をかけた伝令」**（2019）や、クエンティン・タランティーノ監督**「ワンス・アポン・ア・タイム・イン・ハリウッド」**（2019）といわれていたのですが、現地取材をしていると、日本国内でフロントランナーと目されていた前記2作品よりも別の作品の勢いを強く感じました。

その作品は韓国映画**「パラサイト 半地下の家族」**（2019）です。

現地での強い追い風を感じた僕はアカデミー賞前日、SNSで「監督賞はポン・

ジュノが大本命。もしかすると作品賞も……」とつぶやきましたが、結果はその通りとなり、同映画が作品賞を含む4冠を達成（非英語作品として作品賞を受賞したのはオスカー史上初）し、韓国映画がハリウッドを席巻したのです。

●90年代後半から世界的に注目される作品を次々と公開

韓国において映画が国民の娯楽として栄えたのは1970年代後半。韓国全土の映画館の数が、およそ500館となった頃になります。

大きな分岐点となった作品のひとつが**「シュリ」**（1999）です。韓国に潜入した北朝鮮工作員と韓国諜報部員との恋を描いたアクション映画は国内で大ヒットし、約600万人を動員。翌年、日本でも公開されると、18億円の興行収入を記録しました。

その後、南北分断の象徴である38度線上の共同警備区域（JSA）に配属された南北朝鮮の軍人たちの交流を描いた**「JSA」**（2000）、凶暴だけどキュートな女性に恋をして振り回される気弱な青年の姿を描いたラブコメディー**「猟奇的な彼女」**（2001）、性格の異なる4人の男性の生き様や友情を描いた**「友へ チング」**（2001）、1971年8月に韓国で発生した反乱事件を題材にした**「シルミド」**（200

3)、などのヒットで、日本においても韓国映画の認知度が定着しました。

1997年のIMF危機（韓国通貨危機）を経て、韓国映画が世界的に認められるまでに発展した要素は何点かあります。

そのひとつに、国の施策として映画産業を支援している背景があります。映画振興委員会が設立した**韓国映画アカデミー**、国立の**韓国芸術綜合学校映像院**など、才能あるアーティストを輩出できる教育機関を設立し、実際に卒業生が映画監督として頭角を現しています。

さらに、韓国文化を世界に広げるという政治的施策から、**スクリーンクォーター**制度を導入したことも韓国映画の発展に多大な影響を与えました。

スクリーンクォーターは、自国映画産業の保護を目的に、国内で制作された映画の上映について日数・スクリーン面数などの最低基準を義務付けた制度で、韓国は1966年以降、ハリウッドの大ヒット映画等の流入から国内映画産業を守るためにスクリーンクォーター制度を採用しています。

このような背景から、一定レベル以上の韓国映画が多数制作されるようになり、大ヒット作も続々誕生して観客も増えていくという好循環を生み出していきます。

その後、若年性アルツハイマーになり記憶を喪失していく妻と、彼女を支える夫を感動的に描いた**「私の頭の中の消しゴム」**（2004）、高校時代の親友たちが25年ぶりに再会し、失ってしまった大切な何かを取り戻していく女性たちの友情ドラマ**「サニー 永遠の仲間たち」**（2011）といった韓国のエンタメ作品が続々とヒットしていきます。

一方で、日本のコミック『ルーズ戦記 オールドボーイ』を原作に、密室に15年間、監禁された男の復讐劇を描いた**「オールド・ボーイ」**（2003）、韓国で実際に起きた連続殺人事件をベースに、風俗店を経営する元刑事と連続猟奇殺人犯との緊迫の攻防をダイナミックに描き出す犯罪スリラー**「チェイサー」**（2008）、元特殊要員で人目を避けて質屋を営む孤独な男が、悪の組織にさらわれた隣人の少女を救うため巨大な犯罪組織に立ち向かっていくアクション映画**「アジョシ」**（2010）などの**韓国ノワール**（ノワールはフランス語で黒の意味で、人間の悪意や差別、暴力などを描いたジャンル）も確立していきます。

余談ですが、『自虐の詩』で知られる業田良家氏の短編コミックを是枝裕和監督が映画化した、心を持たないはずのラブドール・のぞみが心を持ってしまい、人間の男に恋をするせつないラブ・ストーリー**「空気人形」**（２００９）に出演した韓国の人気女優ペ・ドゥナが、とあるベッドシーンについて、「こんなに重要なシーンを1日で撮影することに驚きました。韓国なら1週間はかけるのに」とインタビューで語っています。その頃から映画制作現場の環境は韓国と日本で差がついていたといえます。

このように韓国映画界の発展には合点がいく背景があり、世界的映画祭で多くの結果を残すようになっているのも無理からぬことでしょう。今やアジアの映画界を牽引する存在として韓国映画は盛況を呈しているのです。

邦画界の今後の課題

●カウンターパートが存在しない日本

スティーブン・スピルバーグ、ジョージ・ルーカス、クエンティン・タランティーノ、ヴィム・ヴェンダース、ポン・ジュノなど、これまで著名な映画監督たちが日本の映画監督や作品に対するリスペクトを表明してきました。

歴史を振り返れば、黒澤明、小津安二郎、成瀬巳喜男、今村昌平、大島渚、溝口健二、川島雄三、本多猪四郎、石井輝男、岡本喜八、深作欣二など、世界で評価されてきた日本人監督は多数います。

さらに、北野武、宮崎駿、黒沢清、濱口竜介、是枝裕和、清水崇、塚本晋也など、現役のクリエーターとして作品を完成させて、世界で評価されている監督も大勢いるのです。

しかし、現在の邦画界は世界標準から遅れをとっているといわざるを得ないでしょう。アニメやマンガなどが海外で市場を拡大している一方、邦画界のビジネス環境には課題があるからです。

一例を挙げると、2023年、アジアの映画産業を盛り上げようと、KOFIC（韓国）、BPI（インドネシア）、FDCP（フィリピン）、FINAS（マレーシア）、SFC（シンガポール）、MNFC（モンゴル）、TAICCA（台湾）という、国立の映画もしくは映像機関を持つ7か国が共同で**AFAN**（Asian Film Alliance Network／アジア各国共同で映画産業の発展を促す組織）を結成しました。

現段階で日本は同組織に参加していません。

AFANのパク・キヨン委員長はインタビューで、「AFANの目的は、さまざまな協力体制を通じてアジアの映画業界を成長させていくことにあります。しかし残念ながらＡＦＡＮに日本は参加していません。理由は、日本には参加7か国のような**映画に関する国家機関がない**。窓口となるカウンターパートナーがいない状況だからなのです」と語りました。

映画産業の業界規模は、コロナ禍により各地の映画館で一斉休館や入場制限を実施するなどしたため、大ダメージを受けました。興行収入を見ても、すべての配給会社がコロナ前の状況に回復できている状況ではありません。

厳しい風が吹く中、まずはアジアで手を取り合おうという機運が高まっているにもかかわらず、そこに日本が参加できない状況は残念でなりません。

韓国では、設備や機材などのインフラ整備に加えて、製作、配給、教育のシステムも構築し続けています。

これは、1998年に金大中大統領がメディアを含めた文化産業を育成する「文化大統領宣言」を行い、韓国映画の発展を後押しした経緯があるからです。

日本においても、国をあげて映画産業をひとつの重要な文化としてさまざまな形で支援していく――、そうした動きが起こることを期待したいものです。

●希望の光となった「ゴジラ-1.0」の世界的ヒット

わが国のエンタメ産業は、1億3000万人の人口を有する日本国内で成り立ってきました。結果として世界を見据えた活動をするゲーム・アニメ・マンガ業界は持ち堪えていますが、国内だけの活動に注力するエンタメ産業ほど規模が縮小しています。

こうした中での希望の光は、新しい発想で時代を切り開こうとしている動きがあることです。

2023年から2024年にかけて、東宝の**「ゴジラ-1.0」**がアメリカで大ヒットしました。山崎貴監督は監督として第96回アカデミー賞では邦画・アジア映画史上初の視覚効果賞を受賞。監督として視覚効果賞を受賞したのは**「2001年宇宙の旅」**（1968）のスタンリー・キューブリック以来、55年ぶり、史上2人目です。

また、製作費20億円以下の予算で、全世界累計の興行収入は160億円を突破していることで、さらに世界の映画関係者を驚かせました。

ゴジラの第1作目が公開されたのが1954年。本作の大ヒットは、東宝がIP

（知的財産）ビジネスの多様性を見せつけたといえます。

こうして海外から評価される作品がひとつでも多く登場することで、国内外の興行収入が成長基調を続伸し、クリエイティブな活動に専念できる環境整備が一歩でも二歩でも進むことを願うばかりです。

「グッド・ウィル・ハンティング／旅立ち」制作裏の物語

天才的頭脳を持ちながら幼少期のトラウマを背負った青年と、妻に先立たれて生きる希望を見失っていた心理学者との交流を描いた**「グッド・ウィル・ハンティング／旅立ち」**（1997）。この作品の脚本は、俳優のマット・デイモンがハーバード大学に在籍していた頃、シナリオ制作の授業でひらめいた案をベースに書き始め、未完成になっていた原稿を読んだ幼馴染の俳優、ベン・アフレックの励ましによって2人で完成させました。

映像化にあたり、ロブ・ライナー監督が設立した映画製作会社「キャッスル・ロック・エンターテインメント」に持ち込みますが話し合いは決裂（マットとベンの主要な役での出演が拒否されたため）。その後、複数の映画関係者に脚本を持ち込み続けた結果、ケヴィン・スミス監督に紹介された映画製作会社「ミラマックス」で映画化が決定。世界公開されると観客や批評家から評価され、数々の映画賞を受賞後、ついに第70回アカデミー賞で最優秀脚本賞を受賞するに至ります。

マットはインタビューで、「シナリオを書き始めたけど完成せずに途中で諦めそうになった。でも、ベンに見せたら『絶対に最後まで書くべきだ』と励まされて2人で1本の物語を書き上げたんだ。このシナリオを書き始めたのは僕が22歳でベンが20歳の時。書いている時は先が見えず、成功するかなんてわからなかったけど、完成した映画は評価されて僕の人生は大きく変わったのさ」と答えています。

無名の俳優2人がお互いの才能を認め、諦めなかったことでハリウッドのトップに上り詰めたのです。

第5章

映画のウィスプ

知っていると見方が変わる意外な真実

麗しのサブリナ（1954）

映画は制作過程や俳優の裏話を知ることで作品自体の味わいが増し、より深く映画を楽しむことができるはず。本章では映画の**ウィスプ**（ひそひそ話を意味するウィスパーの略語。かすかな名残、断片、はしきれの意味もあります）を紹介します。

●あらすじ

大富豪・ララビー家に仕える運転手の娘サブリナ（オードリー・ヘプバーン）は、ララビー家の次男デイヴィッドに恋をします。しかし、身分違いの恋を父親や周りの人たちに咎められ、サブリナはパリへ行くことに。数年後、サブリナは洗練された女性となって帰国。そんなサブリナの変化にデイヴィッドや長男のライナスは使用人の娘であることに気がつかず交流するのですが……。

●撮影時にオードリーがNGを連発した理由

ビリー・ワイルダー監督作**「麗しのサブリナ」**はオードリー・ヘプバーン主演のヒット作です。

オードリーは演技に関して完璧主義といわれていましたが、本作の撮影時はNGを連発したとか。なぜ彼女はNGを連発したのか？　それには理由があります。

じつはこの作品の脚本はとても難航していて、次のシーンの台本が現場に届いていないような状況で撮影をしていたそうです。

そこで、長男ライナス役のハンフリー・ボガートがイライラしないように、わざとオードリーがNGを出して現場の雰囲気を和らげ、**脚本が現場に届くまでの時間稼ぎをした**といいます。

彼女の機転で無事撮影を終えた本作は、数々の映画賞に輝き、オードリーの代表作の一本となりました。

エデンの東（1955）

●**あらすじ**

舞台は1917年のアメリカ・カリフォルニア北部の町サリナス。農場を営むアダムには双子の息子、アーロンとキャルがいました。

アダムは優等生の兄であるアーロンばかり可愛がるため、粗暴な弟・キャルは「自分は父親から愛されていないのではないか」と悩みます。

反抗的な態度をとりながらも、キャルは父のために、良かれと思ってある行動をとりますが、事態は思わぬ方向へ進んでいきます。

●**役に入り込み過ぎて共演俳優にブチギレられたジミー**

聖書における「カインとアベル」の物語をベースに描かれている**「エデンの東」**

は、交通事故によって24歳の若さで亡くなった伝説の俳優ジェームズ・ディーン（愛称：ジミー）の初主演映画。監督は**「欲望という名の電車」**（1947）、**「波止場」**（1954）の名匠エリア・カザンです。本作は第28回アカデミー賞で主演男優賞や監督賞など、主要部門にノミネートされました。

ジミーはニューヨークにあるアクターズ・スタジオという演技研究所で**メソッド演技法**の勉強をしていました。

メソッド演技法とは、アメリカの演出家・演技指導者のリー・ストラスバーグが役者の訓練のために考案した演技法で、与えられた役の内面に注目して感情を追体験することでリアリスティックな表現を行います。

ジミーは、映画の中で仲違いする父親アダム役を演じるレイモンド・マッセイに対して、このメソッド演技を取り込み、リハーサルや撮影の休憩時間などでも、父親に反抗的な態度を示すキャルのように、横柄な態度をとり、挨拶もほとんどしなかったそうです。そんなジミーの生意気な態度に、昔ながらの伝統を重んじるマッセイが怒髪天を衝《つ》き、ジミーが現場で孤立していった逸話がハリウッドでは語り継がれています。

007ドクター・ノオ（1962）

●あらすじ

宇宙ロケットの妨害電波の調査をしていたジャマイカ駐在のイギリス秘密情報部（ＭＩ６）の諜報部員ジョンが、盲目の浮浪者を装った3人の殺し屋に殺害されます。ロンドン本部は事件究明にあたり、コードネーム「００７」ことジェームズ・ボンドを現地へ派遣。殺害された諜報部員の足取りを追わせます。

殺された諜報部員が天才科学者ノオ博士について調べていた事実を突き止め、ノオ博士が所有するカリブの孤島に向かいます。そこには恐るべき陰謀を企むノオ博士の巨大な要塞があり……。

●ショーン・コネリーが役を引き受けた際に示した絶対条件

イアン・フレミングの長編小説「ジェームズ・ボンド」シリーズを映画化した第1作目である本作は、1962年にイギリスで公開された翌年の1963年、邦題**「007は殺しの番号」**として日本でも公開されました。

主役のボンド役候補には、ケーリー・グラントや後に3代目ボンドになるロジャー・ムーアなどがいました。原作のボンドは優雅かつスタイリッシュな印象で、労働者階級の家庭に育ったショーン・コネリーはルックスも含めてマッチョな雰囲気のため、原作者イアンは自身が作り出したキャラクターとは異なる「ショーン・ボンド」に難色を示したそうですが、最終的に監督の意見が優先されました。

このように監督の強い推薦により主役となったショーン・コネリーですが、オファーを受けるにあたり、絶対条件を提示しました。それは、故郷**スコットランドへの郷土愛**が強い彼らしく、「地元のアクセントを用いた英語を矯正しないこと」。彼の強い主張にスタジオ側も納得します。

このことから、原作もショーン・コネリーの影響で「ジェームズ・ボンドの出身地はスコットランド」という設定が付け加えられました。

ゴッドファーザー（1972）

●あらすじ

第二次世界大戦終戦直後の1945年。イタリアのシチリア島からアメリカ・ニューヨークに移住し、巨万の富を築き上げたヴィトー・コルレオーネ（通称ドン・コルレオーネ）は、一代でニューヨーク五大ファミリーの一角となったイタリア系マフィアの長です。

ヴィトーには3人の息子と1人の養子がおり、末っ子のマイケルは裏社会と一線を画す堅気の存在でした。ヴィトーからも、そのまま表の社会で活躍することを望まれていたのです。しかし、跡目相続や世代交代を謀るマフィアとの抗争によって、父の命が狙われたことで、唯一堅気だったマイケルは裏社会に入ることを決意。次第にファミリービジネスに関わっていくようになります。

●オーディションに落選したロバート・デ・ニーロ

本作は1972年度のアカデミー賞で作品賞を含む3部門を受賞した映画史に残る一作で、監督はフランシス・フォード・コッポラです。当時のコッポラ監督は関係者からの評価は高いものの興行的成功を収めた代表作はなく、本作の監督を依頼されたことは大抜擢でした（劇中に出てくる結婚披露宴のシーンは、コッポラ監督が尊敬する黒澤明監督の**「悪い奴ほどよく眠る」**〈1960〉のオマージュしたといわれています）。

一方、撮影現場でのわがままな振る舞いからハリウッドの片隅に追いやられ、落ち目の俳優と噂されていたマーロン・ブランドは、本企画を知り、自身のイメージビデオを制作してコッポラに手紙付きで送り、見事ヴィトー役を射止めています。

ちなみに、名門アクターズ・スタジオで演技を学び、これまで数々の作品に出演してきたロバート・デ・ニーロは、ヴィトーの長男ソニー役のオーディションを受けたのですが、コッポラ監督のイメージとは合わず、最終選考で落とされました。

しかし、コッポラはデ・ニーロの演技を認めていたので、**「ゴッドファーザーPART II」**（1974）において、オーディションを介すことなく若い頃のヴィトー役をオファーしたのです。

戦場のメリークリスマス（1983）

●あらすじ

1942年、日本軍政下にあるジャワ島レバクセンバタの日本軍俘虜《ふりょ》収容所。まだ夜が明けきらない中で、朝鮮人軍属のカネモトがオランダ人捕虜のデ・ヨンを犯すという破廉恥な事件が起きました。

日本軍軍曹ハラは「前代未聞の不祥事だ」と騒ぎ、日本語が話せる英国軍中佐ロレンスを叩き起こします。ハラ軍曹は、オランダ人捕虜のデ・ヨンを犯したカネモトを、日本人なら腹を切れと自決させようとしているのです。

ロレンスはカネモトの自決をやめさせようと、収容所長のヨノイ大尉を呼びますが、これ以上の恥は屈辱であると、カネモトはヨノイ大尉が到着する前に切腹しようとしますが……。

●約束を守った大島渚監督

第二次世界大戦中のジャワの日本軍俘虜収容所を舞台に、日本軍のエリート士官ヨノイ（坂本龍一）と連合軍捕虜セリアズ少佐（デヴィッド・ボウイ）の複雑な感情が絡んだ関係を中心に、日本軍人と西洋人捕虜との関係が描かれている本作は、一時、制作費が捻出できず頓挫しそうになりましたが、大島渚監督が自ら資金を提供の上、借金もして作り上げ、結果的に世界中で大ヒットしました。

大島監督からハラ軍曹役のオファーを受けた北野武さんは、「自分は漫才師だから俳優のような演技はできない」と伝えました。しかし、監督の思いは変わらず、出演を決意しますが、ひとつだけ条件を出したそうです。それは**「撮影現場で自分の演技に対して絶対に怒らないこと」**。大島監督は撮影が思い通りにいかないと、役者やスタッフを怒鳴り散らすことで有名だったのです。実際、「いいんだよ出てくれるだけで」と、現場で監督は武さんだけには怒ることがなかったそうです。

ちなみに、もともとハラ軍曹役は緒形拳さんで話が進んでいましたがスケジュール的に難しくなり、その後、勝新太郎さんで決定しました。しかし、勝さんが役や脚本に口をはさみ、制作側から降板させられて最終的に武さんに決定しました。

時をかける少女（１９８３）

あらすじ

新学期が始まった4月16日の土曜日。高校生の芳山和子と深町一夫、堀川吾朗の3人は、放課後、理科室の掃除をしていました。吾朗と一夫が教室へカバンを取りに行っている間、和子が1人理科室にいると、無人のはずの隣の実験室から物音が聞こえます。和子が実験室に入ると、ラベンダーの香りがする白い煙が漂っており、それを吸い込んだ和子は気を失い倒れてしまいます。

翌週、和子は不思議な体験をします。吾朗の家の辺りで火事が起きること、突然お堂の屋根瓦が落ちてくること、授業でやる問題……、誰も知らない明日の出来事を和子は1日早く知ってしまうのです。実験室で意識を失ってから、和子は時間がループする不思議な現象に悩まされるようになり、深町に相談するのですが……。

●じつは「角川映画」ではなかった

筒井康隆氏のジュブナイルSF小説を大林宣彦監督が映画化。大林監督が故郷・尾道を舞台にした尾道三部作**「転校生」**（1982）、**「時をかける少女」**、**「さびしんぼう」**（1985）の2作目で、主演の原田知世さんは日本アカデミー賞の新人俳優賞を受賞しました。

原田さんは、伊賀忍者と伝説的妖術師の戦いを描いた山田風太郎の同名小説の映画化**「伊賀忍法帖」**（1982）に主演する真田広之さんの大ファンでした。そのため、同映画のヒロインデビューが優勝特典とされたオーディションに、応募基準に満たない14歳で応募。当時、角川書店の社長だった角川春樹氏の目にとまり、急きょ設けられた特別賞を受賞します。

原田さんにほれ込んだ春樹氏は、本作の企画を自ら立ち上げ主役に抜擢。通常の映画制作とは異なり、この作品はあくまで春樹氏の個人的な思いで作られた経緯もあり、1億5000万円ともいわれている制作費は、すべて春樹氏個人のポケットマネーから捻出され、製作会社も「角川春樹事務所」です。

したがって、本作は厳密にいえば、角川映画ではなく「角川春樹映画」なのです。

ブラック・レイン（1989）

● **あらすじ**

ニューヨーク市警の敏腕刑事ニック（マイケル・ダグラス）と、その相棒のチャーリー（アンディ・ガルシア）は、昼下がりのレストランで日本のヤクザの抗争に巻き込まれます。殺人を犯したヤクザの佐藤（松田優作）を逮捕。2人は佐藤を日本に連行することに。

しかし、大阪空港に到着するなり、佐藤は仲間の手によって逃亡。2人は殺人犯を取り逃がし、悪評が高まったため、日本語がわからず捜査権限もない中で、日本にとどまり汚名返上を果たそうとします。

ニックは、几帳面で真面目な性格の大阪府警の警部補・松本（高倉健）と協力して、佐藤を追うのですが……。

●佐藤役のオファーを辞退した日本人俳優

「ブレードランナー」（1982）などで知られるリドリー・スコット監督が手掛けたハリウッドムービー**「ブラック・レイン」**は、日本を代表する俳優の高倉健さんや若山富三郎さん、國村隼さんなど、多くの日本人が出演しています。

悪役・佐藤のオーディションを受けた俳優には、一説には萩原健一さん、根津甚八さん、世良公則さん、小林薫さんなどがいたといわれていますが、最終的に佐藤役を射止めたのは松田優作さん。優作さんにとっては念願のハリウッドデビューとなりました。

しかし当初、佐藤役をオファーされていた日本人俳優は、奥田瑛二さんでした。1987年の第37回ベルリン国際映画祭・銀熊賞審査員グランプリ受賞作**「海と毒薬」**（1986）の演技を見た映画プロデューサーから佐藤役を打診され、奥田さんも乗り気でしたが、前から決定していた映画撮影のため出演を辞退したのです。

ちなみに、松田優作さんは撮影時、自分の身体ががんに侵されていることを知りますが、役者としての仕事を優先して延命治療を拒否。映画公開直後の1989年11月6日、40歳で亡くなったため、残念ながら本作が遺作となりました。

ワイルド・アット・ハート（1990）

●あらすじ

セイラーとルーラは恋人同士ですが、ルーラの母親マリエッタはセイラーとの交際に反対しています。

マリエッタの恨みを買ったセイラーは、マリエッタに雇われた暗黒街の殺し屋に殺害されそうになりますが、逆に殴り殺してしまいます。

傷害致死の罪で刑務所に収監されたセイラーは、服役後、ルーラと2人で執行猶予を無視してカリフォルニアへ旅に出ます。

しかし、支配欲が強く、娘に対して異常な執着を示すマリエッタは、私立探偵など執拗な追手を雇い、2人をどこまでも追跡します。じつはマリエッタの恨みには秘密があったのです……。

●ニコラス・ケイジの予言は当たる

「カルトの帝王」とも呼ばれる鬼才デヴィッド・リンチが監督した、カンヌ国際映画祭で最高賞のパルム・ドールを受賞した**「ワイルド・アット・ハート」**。

余談ですが、セイラー役のニコラス・ケイジは、ある日、昔付き合っていたメイクアップ・アーティストのアリソンからライブハウスに誘われます。演奏していたのはアリソンの恋人で、その存在感に惹かれたニコラスは、彼に俳優を強く勧めました。音楽で成功するのが夢だと断る彼に、**「お前は絶対役者としてハリウッドで成功する」**と説得。エージェントを紹介します。ニコラスの熱意にほだされて、そのミュージシャンはドラマのオーディションを受けたところ合格して俳優デビューしますが、その人物がジョニー・デップ。ニコラスは彼の活躍を予言したのです。

ちなみに、ニコラス・ケイジの本名はニコラス・キム・コッポラ。世界的名匠フランシス・フォード・コッポラ監督の甥です。父親は大学教授兼作家、母親はバレエ・ダンサー、兄は映画監督、父方の祖父は作曲家、祖母は女優、叔父は前述したコッポラ監督、叔母は女優タリア・シャイア、いとこに映画監督ソフィア・コッポラなどがいます。芸術一族らしい直感が働いたのかもしれません。

シザーハンズ（1990）

●あらすじ

人里離れた山の上の屋敷に住む老発明家は、誰も成し遂げられなかった生命の創造に挑み、繊細で心優しき人造人間エドワード（ジョニー・デップ）を作り始めます。しかし、完成目前で老発明家は急死してしまい、エドワードは鋭い金属のハサミが両手になっている状態で1人暮らしていました。

ある日、化粧品のセールをするペグが訪れ、ひょんなことからエドワードはペグの娘キム（ウィノナ・ライダー）と出会い、恋に落ちます。

●撮影終了後にジョニー・デップが腕に彫ったタトゥー

原案・監督のティム・バートンによるファンタジー・ムービーである本作は、エドワードの一途な愛と儚さが胸に染み入ります。キムを抱きしめたいのにハサミの手が邪魔をして上手に抱きしめられないシーンは映画史に残る名シーン。空から舞い落ちる美しくて哀しい雪が、この作品をデコレーションするのです。

世界的に大ヒットしたシザーハンズに出演したジョニー・デップとウィノナ・ライダーは、この共演がきっかけで交際が始まり、婚約しました。交際当初、プレイボーイのジョニーに疑心暗鬼だったウィノナを安心させるため、そして自らの愛を誓うために、彼は自身の右腕に、**「WINONA FOREVER／永遠の愛をウィノナに」**というタトゥーを入れます。

しかし、残念ながら数年後に2人は破局してしまいます。

ジョニーは、腕のタトゥーの完全除去も考えたようですが、WINONAのNAだけ除去して**「WINO FOREVER／一生、飲んだくれ」**に修正しました（WINOには「安物のワインを飲んだくれるアルコール依存者」の意味があります）。

ちなみにジョニー・デップが主演にキャスティングされる前は、トム・クルーズ、ロバート・ダウニー・Jr.、ジム・キャリーが主演候補として名前が挙がっていました。さらに、脚本を読んで本作を気に入った世界的アーティストのマイケル・ジャクソンも自ら主役に立候補していたそうです。

ジュラシック・パーク（1993）

●あらすじ

アリゾナの砂漠地帯で恐竜の化石の発掘調査をする生物学者グラントと、グラントの恋人で古代植物学者のサトラーは、大富豪のハモンドが南米コスタリカの沖合いに浮かぶ孤島に建設した施設の視察に招待されます。その施設は、最新テクノロジーによってクローン再生された恐竜たちが生息するテーマパーク「ジュラシック・パーク」でした。

グラントたちは同じく視察に招待された数学者マルコムやハモンドの孫である2人の子どもと一緒に、島のツアーに出発。しかし、思わぬトラブルが続発し、やがて嵐の迫る中、ついに檻から解き放たれ自由になった恐竜たちが人間に牙を剥き始めてしまい……。

●原作者と雑談する中で急きょ映画化が決定

「ジュラシック・パーク」は、数々の名作を制作してきたスティーブン・スピルバーグ監督作品の中で最もヒットした映画となり、その後、シリーズ化されました。

もともとスピルバーグ監督は、ベストセラー作家のマイケル・クライトンによる医療現場の実態をリアルに再現した小説**『五人のカルテ』**を映画化しようと、スタッフや原作者クライトンと打ち合わせしていました（クライトンはハーバード大学のメディカル・スクールで医学博士号も取得しています）。

その合間の雑談中、スピルバーグがクライトンに現在執筆中の小説の内容を尋ねたそうです。その時、彼が書いていたのが**『ジュラシック・パーク』**。スピルバーグはその物語に心を奪われ、『五人のカルテ』より『ジュラシック・パーク』の映画化を熱望します。その強いオファーに、クライトンはスピルバーグ本人が監督することを条件に、まだ完結していない小説の映画化を認めました。つまり、スピルバーグ監督は小説が出版される前に映画化の権利を購入したのです。

ちなみに『五人のカルテ』はほどなくしてテレビドラマ化されますが、それが全世界で大ヒットした医療ドラマ**「ER 緊急救命室」**シリーズです。

パルプ・フィクション（1994）

●あらすじ

コーヒーショップで突然、強盗を始める不良カップルのパンプキン（ティム・ロス）とハニー・バニー（アマンダ・プラマー）。

ギャングのボス・マーセルス（ヴィング・レイムス）の顔に泥を塗った裏切り者の男を訪ね、盗まれたトランクを取り返す手下のビンセント（ジョン・トラボルタ）とジュールス（サミュエル・L・ジャクソン）。そして、世話役のビンセントの前で薬物の過剰摂取で意識不明になるマーセルスの愛妻ミア（ユマ・サーマン）。

マーセルスから八百長試合を依頼されたのに裏切って勝利し、恋人と共に街から逃亡する落ち目のボクサー、ブッチ（ブルース・ウィリス）。

一見、無関係なエピソードが複雑に交錯し、ある展開へと向かっていきます。

●タランティーノ監督と夕張との深い関係

監督2作目にしてクエンティン・タランティーノの名を世界に知らしめた**「パルプ・フィクション」**は、第47回カンヌ国際映画祭で最高賞のパルム・ドール、第67回アカデミー賞で脚本賞を受賞しました。

タランティーノ監督と日本映画や日本の文化に密接な関係があるのは映画好きの間で有名な話です。宝石店強盗計画に失敗した男たちがたどる運命を描いた**「レザボア・ドッグス」**（1992）で脚本・監督・出演の三役でデビューしたタランティーノ監督は、93年2月に北海道**「ゆうばり国際冒険・ファンタスティック映画祭」**に招待された際に、宿泊先のホテルで次回作となる本作のシナリオを執筆したといいます。タランティーノ監督は同映画祭を心から楽しみ、終始ご機嫌で、車での移動中はタツノコプロ制作のアニメ作品「マッハGoGoGo」のテーマ曲をテンション高く熱唱していたとか。

2003年に公開されたタランティーノ監督作の**「キル・ビル」**に出演した俳優・栗山千明さん演じる女子高生の殺し屋の役名が「ゴーゴー夕張」なのは、タランティーノ監督の夕張滞在時の楽しい思い出が反映されているといわれています。

トイ・ストーリー（1995）

●あらすじ

アンディはカウボーイ人形のウッディが大のお気に入り。しかし、誕生日プレゼントでもらった人形バズ・ライトイヤーを手にすると、夢中になってバズと遊ぶようになってしまい……。3部作完結の予定がファンの強い要望で、それ以降の続編も登場。スピンオフまで登場している大人気シリーズ（104ページも参照のこと）。

●当初の日本人声優のキャスティングは別の大物声優だった

メインキャラクターのウッディとバズ・ライトイヤーの吹替は唐沢寿明さんと所ジョージさんが担当していますが、当初は声優の山寺宏一さんと磯部勉さんがキャスティングされており、吹替収録も終えて日本の宣伝ポスターにも名前が掲載されていました。

しかし、アメリカ本社から集客を考慮して日本で一般的に有名な人物をキャスティングしてほしいと急な要請があり、残念ながら2人は降板させられたのです。

山寺さん本人に当時の心境をお聞きしたところ、「悔しい気持ちはあったけれど自分の知名度が低いから変更されてしまった。それならもっと有名になろうと決意してタレント活動にも力を入れ『おはスタ』のメイン司会で一般的にも自分のことを知っている方が増えたので、今ではあの降板を感謝している」と語っていました。

●ブリキ人形のティニーが一瞬ウッディを睨む理由

ピクサー映画の長編1作目の**「トイ・ストーリー」**には原作がありました。アカデミー賞短編アニメ賞を受賞している**「ティン・トイ」**（1988）という作品で、その主人公がブリキ人形のティニーです。

愛くるしい表情がキュートなキャラクターですが、じつは当初、主人公はティニーになるかもしれなかったのです。しかし紆余曲折を経てウッディが主人公となりました。なのでティニーは自身の主役の座を奪ったウッディを睨みつけるシーンが遊び心として描かれているのです。

タイタニック（1997）

● **あらすじ**

一流画家になるため世界を旅する貧しい青年ジャックは、港の近くのパブでポーカーの景品だった豪華客船タイタニック号の三等船室の切符を獲得。新天地アメリカを夢見て乗船したところ、美しいローズを見かけ、心を奪われます。

ローズは破産寸前の名家の娘で、優雅な暮らしを失いたくない保守的な未亡人の母親と政略結婚の相手とともに乗船していました。ある夜、将来を悲観し海に身を投げようとしたローズをジャックが説得したことをきっかけに、2人は惹かれ合うように。身分の違いなどの障害がある中、絆を深めていきます。

そんな中、タイタニック号が巨大な氷山と接触。破損箇所から浸水が進み、乗客たちはパニックに陥ります。沈没が避けられない中、2人のとった行動は……。

●ジャックはディカプリオが演じる予定ではなかった

１９１２年に起こった実話「タイタニック号沈没事故」をモデルにした恋愛映画である本作は、当時の世界最高の興行収入を記録するほど大ヒット。アカデミー賞では作品賞、監督賞など11部門を受賞しています。

主演のレオナルド・ディカプリオとケイト・ウィンスレットは一躍スターとなり、主題歌**「マイ・ハート・ウィル・ゴー・オン」（私の心は生き続ける）**は世界的歌姫セリーヌ・ディオンの代表曲となっています。

レオナルド・ディカプリオは、本作に出演したことでハリウッドのAクラスセレブとなりましたが、当初、ジャック役はスタジオ側が強く推薦していた俳優マシュー・マコノヒーが演じる予定で、先に起用が決まっていたローズ役のケイト・ウィンスレットもトーク番組で「相手はマシューだった」と語っています。

ではなぜ主演が変更されたのかというと、ジェームズ・キャメロン監督が周りの反対を押し切り、レオナルド・ディカプリオを強引に推薦して決定したのです。キャメロン監督の強力な推しがなければ、今のディカプリオの地位はなかったかもしれません。

チャーリーズ・エンジェル（2000）

●あらすじ

ナタリー（キャメロン・ディアス）、ディラン（ドリュー・バリモア）、アレックス（ルーシー・リュー）の3人は、チャーリー・タウンゼント探偵社で私立探偵として働いています。

そんな彼女たちにミッションが与えられます。誘拐された通信ソフト会社の創設者で画期的な音声認識システムを開発した天才、エリック・ノックス（サム・ロックウェル）を救出せよというのです。

3人はノックスを救出するべく、通信衛星会社を経営するロジャー・コーウィンが開催するパーティーに潜入。不審な「痩せた男」を発見し、危険な追跡捜査を決行するのですが……。

●エンジェルたちが銃を使わず生身の身体で闘う理由

１９７０年代に大ヒットしたテレビドラマを、ミュージックビデオやＣＭを手掛けてきたマックＧ監督が２０００年に映画化。当時は最先端のＶＦＸ（視覚効果）を駆使し、映像的に見栄えするワイヤーアクションも積極的に取り入れることに成功して、興行的にも大ヒット。続編も制作されました。

ドラマシリーズや、キャストを一新したエリザベス・バンクス監督版の２０１９年公開「チャーリーズ・エンジェル」では、アクション・シーンで普通に銃などを使用しますが、本作でのエンジェルたちは敵対する人物と闘う際、決して自ら銃やライフルを使用せず、生身の身体で闘うのですが、それには理由があります。

じつは出演者のドリュー・バリモアは本作でプロデューサーも兼ねていて、脚本にもアイデアを出したり、難航したキャスティングにも尽力しました（キャメロン・ディアスはドリュー・バリモア自身が直接連絡して出演許諾を得ました）。そんなドリューはプライベートで**銃規制法運動の参加者**だったのです。

彼女の強いこだわりと意向で、エンジェルたちは銃を使用せず、体を張ったアクション・シーンに臨んだのです。

ロード・トゥ・パーディション（2002）

●あらすじ

アイルランド系ギャングの殺し屋マイケル（トム・ハンクス）は、マフィアのボスで父親代わりでもあるジョン（ポール・ニューマン）から息子のように愛されていましたが、ジョンの息子コナー（ダニエル・クレイグ）は、そんな2人の関係に常日頃から嫉妬心を抱いていました。

ある日、コナーはマイケルの妻と次男を殺害してしまいます。普段は冷静なマイケルでしたが、家族を殺された怒りを抑えることができず、生き残った12歳の長男と2人で組織から逃亡し、コナーをはじめとする組織への復讐を決意します。

実の息子コナーと愛しいマイケルとの間に板挟みになったジョンは実の息子を選び、マイケルの許に一流の殺し屋マグワイアを派遣するのでした。

●タイトルに込められた2つの意味

郊外に家を持つ平凡な核家族の崩壊劇を鋭く描いた**「アメリカン・ビューティー」**（1999）でアカデミー作品賞&監督賞を受賞したサム・メンデス監督による大恐慌時代のシカゴを舞台としたマフィア映画である本作は、批評家からも高い支持を得て、アカデミー賞では6部門でノミネートされました。組織から逃げるマイケルと殺し屋マグワイアの闘いは必見です。

組織から追われることになってしまったマイケル父子が向かうのは、イリノイ州に実在するパーディションという街にある海辺の小さな家。「ロード・トゥ・パーディション」というタイトルは、パーディションという街への親子の逃避行を意味します。

しかし、このタイトルにはもうひとつ大事な意味が込められています。パーディションには「破滅」「地獄」という意味があるのです。つまり、「Road to Perdition」は**「破滅への道」**なのです。

安息の地を求めたマイケルが向かう場所がパーディション。本作のタイトルにはダブル・ミーニングとして物語の結末が暗示されているのです。

シカゴ（2002）

●あらすじ

舞台は1920年代、ジャズ全盛時代のアメリカ・イリノイ州シカゴ。自動車修理工の妻でミュージカルスターを夢見る世間知らずのロキシー・ハート（レネー・ゼルウィガー）は、彼女をショーに売り込んでくれるといっていた不倫相手が、自分に嘘をついていたことを知り、彼を射殺して刑務所に送られてしまいます。

ロキシーは刑務所で思わぬ人物と出会います。それは憧れの歌手ヴェルマ（キャサリン・ゼタ＝ジョーンズ）。彼女も殺人罪で投獄されていたのです。ただし、ヴェルマはマスコミ操作に長けた敏腕弁護士を雇い、「悲運のスター」としてステータスを上げていました。ロキシーは、自分もヴェルマのように、自身のスキャンダルを利用して世間の同情と人気を獲得し、スターになろうと試みるのですが……。

●ロングヘアーでの出演を拒否したキャサリン・ゼタ＝ジョーンズ

ミュージカル映画は大ヒットしないといわれていた時代、ブロードウェイで注目されていた**ミュージカル「シカゴ」**の映像化ということで、映画関係者から過度な期待をされなかった本作ですが、公開されるや観客や批評家から絶賛され、第75回アカデミー賞で最多12部門13ノミネート。作品賞を含む最多6部門を受賞しました。

ロブ・マーシャル監督はヴェルマ役のキャサリン・ゼタ＝ジョーンズに、ロングヘアーでの出演を希望しました。本作がミュージカル映画でダンスシーンが多く、女性の長髪がなびく様子が映像として効果的だと考えたからです。

しかし、キャサリンは監督からの要求を頑なに拒否しました。理由は、ロングヘアーだと激しいダンスシーンで顔が隠れてしまい、観客からボディダブル（顔などが出ない場面で代役を使って撮影されること）だと思われてしまうためでした。

キャサリンは本作で自らすべてのダンスシーンを演じると決めていたので、自分の顔がハッキリとスクリーンに映るようにロングヘアーを拒否したのです。それほど彼女は本作への出演に情熱を注いでいました。そんなキャサリンの思いと熱演が評価され、彼女はヴェルマ役でアカデミー賞助演女優賞を受賞しました。

恋愛適齢期（2003）

●あらすじ

独身の大富豪ハリーは、60歳を過ぎても若い美女ばかりを相手にする、深い付き合いが苦手なプレイボーイ。ある日、ハリーは交際相手のマリンに誘われ、彼女の母親が所有する別荘で過ごすことに。そこで、マリンの母親エリカと遭遇してしまいます。エリカは、恋愛への興味を失ったバツイチ50代のキャリアウーマン。ハリーが娘の交際相手だと知り、場の空気は悪くなっていきます。そんな中、突然ハリーが心臓発作を起こしてしまい……。

●代役した作品でオスカーを引き寄せてしまう名優ジャック・ニコルソン

監督・脚本のナンシー・マイヤーズは、ハリー役にジャック・ニコルソン、エリカ役にダイアン・キートンを**当て書き**（脚本段階で役者を想定）し、内容を読んだ2人は出演を快諾。ハリウッドきってのベテラン俳優がキャスティングされたことで、見応えある熟年のロマンティック・コメディが完成しました。

万人が認める演技巧者でもアカデミー賞で俳優賞を受賞するのは困難ですが、ジャックは、精神病院を舞台に人間の尊厳と自由を描いた**「カッコーの巣の上で」**（1975）、ぶつかり合いながらも固い絆で結ばれた母と娘の30数年間に及ぶ関係を描いた**「愛と追憶の日々」**（1983）、**「恋愛小説家」**（1997）の3作品でオスカーを受賞しています。

これは俳優として特別な栄誉ですが、じつはこの3本の映画出演には共通点があります。それはすべての作品出演が代役だったのです。「カッコーの巣の上で」はジーン・ハックマン、「愛と追憶の日々」はバート・レイノルズ、そして、「恋愛小説家」はジョン・トラボルタの代役でした。ジャック・ニコルソンは他の役者が降板した作品に出演してオスカーを引き寄せた強運の持ち主なのです。

ちなみに、ジャックは本作ではオスカーを受賞していません。当て書きされた作品よりも代役した作品で幸運を勝ち取ってしまう稀有な存在なのかもしれません。

コールド マウンテン（2003）

●あらすじ

南北戦争末期の1864年。

ノースカロライナ州からヴァージニア州の戦場に派遣された南軍の兵士インマン（ジュード・ロウ）は、戦地で瀕死の重傷を負い、友人も失ってしまいます。

自分の人生で何が一番大事か考えたインマンは、故郷であるノースカロライナ州の田園地帯・コールドマウンテンに残してきた恋人エイダ（ニコール・キッドマン）だけが心の支えだということに気づきました。

エイダと再会するため、インマンは死罪を覚悟して軍から逃走します。

しかし、コールドマウンテンには、南軍に参加せず故郷に残った男が「義勇兵」と名乗り、農民を支配したり、密かに帰った脱走兵を殺したりしていたのでした。

●主演予定だったトム・クルーズが降板した理由

南北戦争を題材にした純愛物語である本作は、出演俳優たちの演技が絶賛されました。

村娘・ルビー役のレネー・ゼルウィガーはアカデミー賞とゴールデングローブ賞で助演女優賞を受賞。インマン役のジュード・ロウはアカデミー賞主演男優賞、エイダ役のニコール・キッドマンはゴールデングローブ賞の主演女優賞にノミネートされました。その他にもフィリップ・シーモア・ホフマン、ナタリー・ポートマン、ドナルド・サザーランドなど、実力を伴った役者陣が出演しています。

当初スタジオ側は、インマン役としてトム・クルーズにオファーを出しており、トム自身も脚本を読んで出演に相当乗り気だったそうです。しかし、彼は急きょ出演を辞退しました。それは、**ヒロイン役にニコール・キッドマンが興味を示しているという噂が流れたから**です。トムとニコールは、もともとハリウッドを代表するセレブ夫婦でした（1990―2001）。離婚直後の共演を彼は拒んだのです。

「この豪華な俳優陣の中に、インマン役としてトム・クルーズがいたかもしれない」と想像しながら本作を観ると、また違った視点で楽しめることでしょう。

カポーティ（2005）

●あらすじ

1959年のアメリカ・カンザス州にあるのどかな田舎町で、一家4人が惨殺される事件が起こります。

「ニューヨーク・タイムズ」紙でこの事件を知り、興味をかきたてられたベストセラー作家のトルーマン・カポーティ（フィリップ・シーモア・ホフマン）は、ノンフィクション小説の題材にしようと現地へ取材に向かうことに。

そうした中で、犯人であるペリーとディックとの接触に成功。特に、多くを語らず、内に孤独を秘めたペリーに創作意欲を刺激されていきます。彼は自分と同じように、幼い頃、母親に見捨てられた境遇で育っていました。

いつしか彼との友情が芽生え始める中、彼らに死刑判決が下り……。

●フィリップ・シーモア・ホフマンが高校生の時に友人と誓った約束とは？

文学史に名を残す偉大なる作家・トルーマン・カポーティが、1966年に発表した傑作小説『冷血』を完成させるまでを描き、数々の映画賞に輝いたシリアスな伝記ドラマが「カポーティ」です。

カポーティ役のフィリップ・シーモア・ホフマンは、高校生の頃から役者になるのが目標でした。そして、彼の友人であるベネットとダンも映画の世界で仕事をすることを夢見ていたので、3人は**「いつかハリウッドで成功して一緒に仕事をしよう」**と約束していました。

時を経て、フィリップは役者として成功し、自分の映画制作会社「クーパーズ・タウン・プロダクション」を設立。同社初の制作作品が本作なのですが、監督はベネット・ミラー、脚本がダン・ファターマン。フィリップは十代の頃の約束を守り、高校時代からの友人とともに作品を完成させたのです。

ちなみに本作は批評家から大絶賛されて、フィリップは第78回アカデミー賞主演男優賞を受賞しました。

アイアンマン（2008）

●あらすじ

巨大軍需企業スターク・インダストリーズの最高経営責任者トニー・スターク（ロバート・ダウニー・Jr.）は、視察先のアフガニスタンでテロ組織に捕われ、拉致されてしまいます。

そこで、テロ組織のために最強新兵器の開発を強制されますが、彼は敵の目を盗んで、戦闘機能を持つパワードスーツを開発して身にまとい、脱出に成功します。

しかし、スターク社製の兵器が、テロ組織に悪用されていた事実に愕然とした彼は、より強力で最先端の技術を駆使したパワードスーツの開発に没頭。改良を加えたパワードスーツを装着し、「アイアンマン」となってテロ撲滅のため戦うことを決意するのです。

●トニー・スタークにはモデルの人物がいた

アイアンマンはさまざまなマーベルコミックの実写映画を同じ世界観のクロスオーバー作品として束ねる企画**「マーベル・シネマティック・ユニバース」**（MCU）の記念すべき第1作です。

巨大軍需企業スターク・インダストリーズの最高経営責任者トニー・スタークは、天才発明家であり、実業家であり、慈善活動などにも積極的というキャラクターですが、そんなトニーにはモデルとなった人物がいます。

それはインターネット事業や宇宙開発事業、そして電気自動車テスラを作り、X（旧Twitter）を買収した世界的大富豪**イーロン・マスク**なのです。

ファンの間では「トニー・スタークとイーロン・マスクの人物像が重なる」と話題になっていましたが、本作の監督であるジョン・ファヴローが、イーロン・マスクから主人公トニー・スタークのインスピレーションを得ていることを公に認めています。

ちなみに**「アイアンマン2」**（2010）でイーロン・マスクが本人役でカメオ出演しています。

Dr.パルナサスの鏡（2009）

●あらすじ

人々を熱中させる魔法の鏡「イマジナリウム」の不思議な力を見せ物として一座を率いているパルナサス博士（クリストファー・プラマー）は、現実世界と観客の想像を行き来できるその鏡を持って旅していました。

道中、橋の上から吊るされた青年トニー（ヒース・レジャー）を救い上げます。以降、助けられた謎の青年トニーは一行の仲間となり、商才を発揮した彼の活躍もあって一座は繁盛します。

しかし、博士は大きな秘密を抱えていました。不死の命を手に入れるために、娘のヴァレンティーナが16歳になったら悪魔に引き渡す取引をしていたのです。タイムリミットが目前に迫る中、一行は鏡の中で駆け引きを繰り広げます。

●撮影中断の危機を救った男たちの友情

奇想天外なファンタジーが描かれる本作の監督、テリー・ギリアムは、イギリスを代表するコメディグループである**モンティ・パイソン**のメンバーです。

彼の独自な世界観のファンは多く、情報統制がなされた暗黒社会を舞台としたSF映画**「未来世紀ブラジル」**（1985）や、ウイルスの拡散によって人類が滅亡寸前になった原因を探るために時間旅行を繰り返す男の冒険が描かれる**「12モンキーズ」**（1995）はカルト映画として映画通の支持を集めています。

本作で最もショッキングな出来事は、撮影中だった2008年1月、トニーを演じていたヒース・レジャーが、急性薬物中毒で突然亡くなったことです（享年28歳）。

撮影がかなり進行する中で主役が不在となったため、一時は完成が危ぶまれましたが、テリー・ギリアム監督が大幅に脚本を変え、ヒースの親友だったジョニー・デップ、コリン・ファレル、ジュード・ロウの3人がスケジュールを調整して、それぞれ異なる鏡の世界のトニーを演じて乗り切りました。

ちなみに、撮影終了後、3人は本作の出演料すべてを、ヒース・レジャーの娘であるマチルダに寄贈したそうです。

しあわせの隠れ場所（2009）

あらすじ

家族と幸せに暮らす裕福なリー（サンドラ・ブロック）は、真冬の夜、凍えている大柄な黒人少年マイケル（クィントン・アーロン）を保護します。ホームレス同然のマイケルの境遇を知ったリーは、家族の一員として彼を迎え入れることを決意し、マイケルもそれを受け入れます。人より秀でた体力の持ち主だったマイケルは、次第にアメリカン・フットボールの才能が開花し、スター選手となるのですが……。

ハリウッド初の偉業を成し遂げたサンドラ・ブロック

2009年のNFLドラフト1巡目でボルチモア・レイブンズに指名され入団した元アメリカンフットボール選手のマイケル・オアーの人生を綴ったノンフィクシ

ョン**『ブラインド・サイド　アメフトがもたらした奇蹟』**をもとに映画化された本作は、自分だけでなく誰かの成功を見届け、後押しすることで充足感が得られるという人間の本質が描かれています。

ちなみに、毎年アカデミー賞授賞式前日には**ゴールデンラズベリー賞**（通称ラジー賞）という映画賞がアメリカで催されます。これは、その年に公開された最低の映画や最低の俳優を一般の会員が独断で選ぶものですが、2009年には本作主演のサンドラ・ブロックが一目惚れした男性に諸突猛進でアタックするラブコメディ**「ウルトラ I LOVE YOU!」**（2009）でワースト主演女優賞という不名誉な賞を受賞しました。ラジー賞受賞者は基本的に授賞式に参加しないのですが、サンドラはラジー賞の舞台にサプライズで登壇。観客からスタンディング・オベーションで迎え入れられました。

そして翌日に行われた第82回アカデミー賞受賞式では、本作**「しあわせの隠れ場所」**で主演女優賞にノミネートされていたサンドラ・ブロックが、他の女優たちを抑えて**最優秀主演女優賞**を獲得します。

同じ年にアカデミー賞とゴールデンラズベリー賞をダブル受賞した史上初の俳優がサンドラ・ブロックなのです。

インセプション（2010）

●あらすじ

睡眠中、潜在意識に侵入して他人のアイデア等を盗み出すスペシャリストのコブは国際指名手配犯となっていました。

彼に人生を取り戻す唯一のチャンス「インセプション」という最高難度のミッションが与えられるのですが……。

●物語ラストのコマは止まるのか？　回り続けるのか？

クリストファー・ノーラン監督が8年の歳月をかけて書き上げた本作は、第83回アカデミー賞で作品賞を含む8部門にノミネートされました。

レオナルド・ディカプリオ、マリオン・コティヤール、エレン・ペイジ、トム・

ハーディ、マイケル・ケインなど、そうそうたる俳優陣が出演する中、注目したいのは渡辺謙さんです。

謙さんはノーラン監督**「バットマン ビギンズ」**（2005）にも出演していますが、彼の出演シーンが少なかったことを監督は気にしていたとか。その代わりというわけではないと思いますが、本作の重要人物サイトー役は「渡辺謙」という役者を念頭に当て書きし、監督が直接、本人に電話で出演許可を取ったそうです。

本作のラストで、コブは愛する子どもがいる自宅に戻り、おもむろにコマを回します。コマが止まれば現実、回り続ければ夢という事実が判明する大事なシーンですが、答えは観客に告げられません。監督はラストシーンに対する説明は避けていて、**「コブがコマではなく子どもを見つめていたことが重要だ」**とコメントしています。

映画ファンの間でも論争を呼んだ「コマ問題」ですが、マイルズ教授役のマイケル・ケインは、ノーラン監督と作品の解釈を含めて話し合ったと認めた上で、**「コマは最後に倒れる」**とラジオのインタビューで答えています。

監督自身が認めたわけではないので真相はわかりませんが、物語の解釈を巡って映画ファンが語り合える映画なのです。

マッドマックス 怒りのデス・ロード（2015）

●あらすじ

元警官のマックス（トム・ハーディ）は、文明社会が壊滅した世界で、過去に救えなかった命の幻覚に悩まされていました。

そんなマックスは、辺り一帯を支配する有力者であるイモータン・ジョー率いる卑劣で野蛮な集団に囚われてしまいます。

イモータン・ジョーの部下である女戦士フュリオサ（シャーリーズ・セロン）は、ジョーに反旗を翻し、隙を見て逃走を図ります。そして、安息の地に向かいますが、目的地は思い描いていた風景とは異なり荒れ果てていました。

失意のフュリオサはマックスと共謀し、イモータン・ジョーを倒すことを決意するのですが……。

●サブタイトルに込められたジョージ・ミラー監督の思い

「マッドマックス」（1979）が公開されてからおよそ30年の時を経て制作されたシリーズ4作目の本作は、観客や映画関係者から絶賛され、第88回アカデミー賞で10部門にノミネート、そして最多6部門を受賞しました。

予算の問題など、さまざまな要因から公開が危ぶまれ、マックス役もメル・ギブソンからトム・ハーディに変更されるなど紆余曲折ありましたが、ジョージ・ミラー監督の手腕により「記録」と「記憶」に残る名作が誕生したのです。

なお、本作のサブタイトル**「怒りのデス・ロード」は日本独自のもの**です。原題のサブタイトルは**「フューリー・ロード」**で（原題は「Mad Max: Fury Road」）、このサブタイトルには監督であるジョージ・ミラーの強い思いが込められているといわれています。

75ページでも解説しているように、フューリーは「怒り」という意味で、もともとギリシャ神話の復讐の女神「フューリー」から派生した言葉です。シャーリーズ・セロン演じる隊長の名前がフュリオサなのもフューリー（復讐の女神）から名づけられています。

ランボー　ラスト・ブラッド（2019）

●あらすじ

ベトナム戦争の退役軍人ジョン・ランボー（シルヴェスター・スタローン）は、アリゾナ州の牧場で、友人のマリアや彼女の孫娘ガブリエラと暮らしていました。ある日、実父が見つかったと連絡を受けたガブリエラは、周りの反対を押し切りメキシコへ。情報をくれた友人と再会して父親に会いに行こうとしたガブリエラですが、ナイトクラブでカルテルに誘拐されてしまいます。状況を知ったランボーは、彼女を救出するためにメキシコに向かうのですが……。

●なかなか決まらなかったランボー役

ランボーの映画化権を獲得した配給会社ワーナー・ブラザースは、当初ランボー役にクリント・イーストウッドを希望し、彼にオファーしました。しかし、ベトナム帰還兵のPTSDという難しい題材と、警官を殺害する主人公という重い内容に拒絶反応を示し、イーストウッドはランボー役を辞退。その後、アル・パチーノやダスティン・ホフマンにもオファーを出しますが断られてしまいます。

ランボーの映画化を断念したワーナーは、映像化の権利をカロルコ・ピクチャーズという配給会社に売却。そしてスティーブ・マックイーンの主演が決定しそうになりますが、彼は体調不良で降板。その後、ニック・ノルティやジョン・トラボルタにも断られ、暗礁に乗り上げそうになります。

そこへ、当時、ロッキー・シリーズ以外の作品で結果を残せていなかったシルヴェスター・スタローンが、**「ギャラは安くてもいいから自分を起用してくれ」**と自ら売り込みに。見事、ランボー役を射止めたのです。そして、皆さんご存じの通り、同シリーズは世界的に大ヒットして、シルヴェスター・スタローンのキャリアを押し上げました。

ランボー・シリーズ5作目にして最終章となる本作。そうした初期の経緯を押さえた上で、73歳になったスタローンのアクション・シーンを観ていくと、目頭が熱くなるはずです。

アイリッシュマン（2019）

●あらすじ

第二次世界大戦をイタリア戦線で過ごした元軍人で、「アイリッシュマン」と呼ばれた凄腕のヒットマン、フランク・シーラン（ロバート・デ・ニーロ）は、晩年にさしかかり、秘密と暴力にまみれた自らの半生を振り返ります。

●日に日に膨らむ制作費に一時期、暗礁に乗り上げた

アメリカ20世紀史の裏で暗躍した凄腕ヒットマンの壮絶な半生を描くチャールズ・ブラントのノンフィクション『アイリッシュマン』を映像化した本作は、第92回アカデミー賞で作品賞や監督賞の他、アル・パチーノとジョー・ペシが揃って助演男優賞にノミネートされ、映画関係者や観客から絶大な支持を受けました。

本作の制作はマーティン・スコセッシ監督にとって長年の悲願でした。企画を進めていくうちに俳優陣の出演交渉もうまくいき（ジョー・ペシにはオファーを50回以上断られたとか）、配給会社も決定。しかし、当初の予定より予算が膨らみ、制作費が高騰。及び腰になるスポンサーも現れたことで。配給会社のパラマウント映画が全米配給権を放棄してしまいます。複数の主要な登場人物をデジタル加工によって年をとらせたり若返らせたりする作業に、相当なコストがかかったのです。

そうした時に現れたのが、現在190か国で2億人の会員に動画配信サービスを提供するNetflix。資金援助として1億2500万ドルを提供した上で、全世界の配給権を1億500万ドルで購入したのです。スコセッシ映画史上、制作費は本作が過去最高額であり、上映時間の209分も過去最長となりました。

これまでスコセッシ監督は、フィルム撮影への偏愛と劇場のスクリーンで映画を観ることの尊さを語ってきました。ですから、本作は当初からNetflixで配信される予定ではなかったのです。

制作会社がNetflixとなったことで、アメリカでは映画館の独占的な上映期間が通常の90日から大幅に短縮され、2019年11月1日に一部の映画館で限定公開、11月27日にNetflixで配信が始まりました。

窮鼠はチーズの夢を見る（2020）

● **あらすじ**

広告代理店で働く大伴恭一（大倉忠義）は、結婚してからも「自分を好きになってくれる女性」が現れ言い寄られると断り切れず、受け身の恋愛を安易に繰り返していました。

ある日、恭一は大学の後輩で仲の良かった今ヶ瀬渉（成田凌）と7年ぶりに再会することになります。すると、学生時代からずっと恭一に恋愛感情を抱いていたと告白され、ある交換条件のもと、今ヶ瀬は恭一をホテルに誘います。恭一は、妻が頭をよぎりながらも、今ヶ瀬とホテルに入り、受け入れてしまいます。

その後、2人は頻繁に会うようになり、恭一は言い寄ってくる女性と過ごすよりも、今ヶ瀬と過ごす時間が次第に心地良くなっていくのですが……。

●今ヶ瀬がジャン・コクトー監督「オルフェ」を観ている理由

水城せとな氏の人気コミック**『窮鼠はチーズの夢を見る』**を行定勲監督が実写映画化したのが本作。切なくて儚い純愛映画です。

脚本家の堀泉杏さんは、キャスティングが決定する前から、恭一役として大倉忠義さんを頭に浮かべながら執筆しており、完成後に大倉忠義さんにオファーしたところ快諾。一方、今ヶ瀬役の成田凌さんは、本作の映画化を知り、参加を熱望したといいます。

劇中、今ヶ瀬が深夜に1人で映画を観るシーンがありますが、その作品はジャン・コクトー監督の**「オルフェ」**（1950）。詩人の男オルフェと死の世界の王女が愛し合うという禁断の恋愛物語ですが、王女がオルフェと結ばれたければ、王女は彼を殺さなければいけない……というのが、この映画の見どころになっています。

今ヶ瀬は、恭一との恋を成就させるには多くの犠牲を伴うことがわかっていますし、同性同士の恋愛に立ちはだかる社会の壁も理解しています。

このシーンで今ヶ瀬は、「オルフェ」に出てくる死の世界の王女に自分を重ね合わせているのです。

ライフ・イズ・カラフル！
未来をデザインする男ピエール・カルダン（2020）

●あらすじ

天才デザイナーの波乱万丈な人生を紐解いていくドキュメンタリー。マスコミや同業者の反発も受けながらオートクチュール（オリジナル高級衣装）からプレタポルテ（既製服）へ移行し、他のブランドに先駆けてメンズコレクションを展開。白人モデルが主流だった時代に、アジア系や黒人のモデルをスカウトしてショーに起用。服以外の分野のライセンス契約も戦略的に行うなど、ピエール・カルダンの革新的かつ優れた実業家としての一面にも迫っていきます。齢98歳で現役だった彼（2020年没）の偉業を、ジャン＝ポール・ゴルチエ、ナオミ・キャンベル、シャロン・ストーン、高田賢三、森英恵、桂由美など、そうそうたる面々が熱く語ります。

●ピエール・カルダンが受けた屈辱と復讐

ブランドビジネスで成功を収めた１９６０年頃、ピエール・カルダンはフランスで最も有名で権威あるパリの社交場レストラン**「マキシム」**を訪れました。

「マキシム」はウッディ・アレン監督による、歴史的アーティストが登場するファンタジックなラブコメディー**「ミッドナイト・イン・パリ」**（２０１１）など、さまざまな映画に登場する格式高いレストランです。

その日、彼は自身が手掛けた新作のスモーキングジャケット（部屋でくつろぎながら喫煙する時用の服でタキシードの原型）を着ていました。そしてピエールがいざ店に入ろうとすると、「マキシム」の店員から、「ドレスコードに抵触する」として入店を拒否されてしまいます。大勢のセレブリティの面前で恥をかかされたプライドの高いピエールは、その日のことを決して忘れませんでした。

そして、20年後の１９８１年。彼は赤字経営だった高級レストラン「マキシム」の経営権を全面的に獲得、完全買収して自分のものとし、オーナーになってしまうのです。屈辱を味わったレストラン「マキシム」の買収は、モード界のタフな異端児であるピエール・カルダンらしいエピソードです。

望み（2020）

●あらすじ

一級建築士の石川一登（堤真一）は、フリー校正者の妻・貴代美（石田ゆり子）、高校生の息子・規士、中学生の娘・雅と、自ら設計した邸宅で暮らしていました。ある日、無断外泊が増えていた規士が家を出たきり帰ってこなくなり、連絡もつかなくなります。やがて1人の少年が殺害されたニュースが流れ、警察からは規士が事件に関与している可能性が高いと告げられます。

行方不明となっているのは3人の少年で、そのうち犯人と見られる逃走中の少年は2人。規士が犯人なら生きていて、被害者なら亡くなっているかもしれない状況に、家族の思いは揺れ動きます。息子の無実を信じたい思いと、たとえ殺人犯でも生きていてほしいと願う思いが交錯していきます。

●多彩な堤監督作品の「裏テーマ」

『犯人に告ぐ』『検察側の罪人』などのミステリー小説で知られる雫井脩介氏の同名小説を堤幸彦監督が映像化したのが本作です。

堤監督の作品はじつに多彩で、「金田一少年の事件簿」「池袋ウエストゲートパーク」「TRICK」といった人気テレビドラマから、映画においても**「20世紀少年」**（２００８）、**「BECK」**（２０１０）など数々の娯楽大作も手がけています。

その幅広いキャリアの中で、「裏面の堤監督らしさ」を感じさせるのが、ホームレスの問題を鋭く描いた**「HOMELESS」**（１９９１）、実在のホームレスをモデルに幸福の意味を考えさせる**「MY HOUSE」**（２０１２）、そして本作です。

この3作品には「シリアスな社会的テーマ＋家」という共通のキーワードがあります。居場所を持たない路上生活者をテーマにしている先の2作品と本作は異なると思われるかもしれませんが、一見、立派な邸宅に住む完璧な家族が、心ないマスコミの取材やネットの誹謗中傷によって居場所をなくし、不安定になる様子が描かれているのです。

Mank マンク（2020）

●あらすじ

1940年、新進気鋭の映画監督オーソン・ウェルズは、新聞王ハーストをモデルにした脚本を、「マンク」の愛称で知られる脚本家ハーマン・J・マンキーウィッツ（ゲイリー・オールドマン）に依頼します。期限は90日。マンクは持病のアルコール依存症に苦しみつつ、映画「市民ケーン」の脚本の執筆に取り掛かります。そして、いつしか彼は1930年代以降のハリウッドを回顧していくのです。

●ハリウッドの映画人に愛された裏事情とは？

本作は、**「セブン」**（1995）、**「ファイト・クラブ」**（1999）、**「ソーシャル・ネットワーク」**（2010）を監督した、映画人の尊敬を集める鬼才、デヴィッド・フィンチャー。本作は、彼が動画配信サービスを提供するNetflixで初めて制作した長編映画で、第93回アカデミー賞において最多ノミネートされました。

映画そのものの評価は当然ながら、作品のテーマと成り立ちに、アカデミー賞を主催する団体である映画芸術科学アカデミー（AMPAS）の会員たちは、大いに感銘を受けたといわれています。

本作は、実在する新聞王のウィリアム・ランドルフ・ハーストをモデルに、大富豪の波乱に満ちた生涯を描いた、映画史に燦然と輝く不朽の名作**「市民ケーン」**（1941）の共同脚本家、ハーマン・J・マンキーウィッツの伝記です。アカデミーの会員たちからすれば、1930年代以降のハリウッドが舞台という点で、**「自分たちの歴史だ」**という意識が強く、大手スタジオからの意向や妨害に屈しないマンクに対してシンパシーを感じたのも納得です。

特筆すべきなのは、本作の脚本を最初に執筆したのが、ジャック・フィンチャー（脚本家・ジャーナリスト）であること。ジャックは本作の監督であるデヴィッド・フィンチャーの実の父親なのです。長い年月、作品化できなかった亡き父の遺稿を、息子であるデヴィッドが監督して世に知らしめたという、このサイドストーリーも会員たちの心に響いたのでしょう。

「トップガン」の続編が36年間も制作されなかった理由

「トップガン」（1986）は当初期待されていた作品ではなく、主人公役もジョン・キューザック、トム・ハンクス、ショーン・ペン、ジョン・トラヴォルタ、ニコラス・ケイジなどが断り、最終的に演じたトム・クルーズも、出演に難色を示していたそうです。

しかし、映画は予想外に大ヒットしたため、スタジオ側はすぐさま続編制作を決定してトムに報告。出演をオファーしましたが、彼はそのオファーを拒否します。表向きの理由はスケジュール問題とされていますが、実際は、大ヒット作の続編は観客や批評家から評価されにくいのと、本作のイメージに囚われたくなかったからだといわれています。

そこでスタジオ側は別の主演俳優を見つけようとしますが、自分の出世作として作品には愛着があるトムが、本作の映画制作権を自ら買い取ってしまい、誰も続編が制作できなくなる事態に発展しました。

それから時が流れ、映画会社パラマウントが水面下で続編の制作をトムに打診。打ち合わせを重ねた上で彼も了承し、ついに「トップガン」公開から30年以上の年月を経て**「トップガン　マーヴェリック」**が劇場公開されることになりました。

本作は、新型コロナウイルスのパンデミックの影響を受けて、2020年の公開を断念。その後も何度か公開延期となり、スタジオ側は劇場での公開を諦めて、NetflixやApple テレビ+などでの配信も検討しましたが、これをトムが猛烈に反対。劇場公開にこだわったことで、2022年、36年ぶりに劇場で上映したところ、世界的に大ヒットしたのです。

第6章

映画にまつわる個人的文化資源

僕が「映画心理分析」を考案した理由と経緯

●僕の原点ともいえる武器が「映画心理分析」

映画を評論・紹介する仕事がしたい——。芸能の仕事をしていた僕は従来の仕事をほぼ辞め、2008年、**映画パーソナリティ**の肩書きで活動することにしました。

知り合いからは、「評論家みたいな仕事を目標にするのはいいけど、芸能の仕事を辞めるのはもったいない。自分の幅を狭めてしまうのでは？」と意見されました。

しかし、この仕事と本気で向き合うなら、映画をもっと観るのは当然として、作品に付随する情報を得る必要があります。物理的に時間が必要でしたし、何より不退転の決意を世間にも自分自身にも表明したい思いがありました。

そして、映画パーソナリティとして活動を始めましたが、映画関連の仕事のオフアーはすぐにはきませんでした。「ただの映画好き」に批評等を依頼するほど業界は甘い世界ではありません。

そこで、自分なりの武器を持とうと思い考案したのが**「映画心理分析」**でした。

映画中毒だった僕は、十代の頃からおすすめの映画を聞かれる機会が多かったのですが、ある時、僕が好きな作品でも相手の共感を得られないことがあると知り、自分の好みと他人の好みは違うことを実感し、やがて「映画の好みは人の性格や状況や思想が大きく反映する」と深く認識するに至りました。

大学生の頃に心理学の勉強をしていて、その分野に少しだけ明るかったこともあり、余興の一環で、周りの人から好きな映画を聞いて性格を指摘したり、食事会に集まったメンバーの好みの映画を聞いて男女のマッチングを始めてみたのです。

企業が新しい商品やサービスを開発した際、ネーミングを考えるように、僕もこの余興に名前をつけようと思いました。ふと「映画心理分析」というワードがひらめいたのでインターネットで検索したところ、意外にもヒット数はゼロ（ちなみに現在、「映画心理分析」とインターネットで検索すると、およそ760万件ヒットします）。これは唯一無二の試みなのだと認識し、周りの反応も良好だったので、既存の心理学のエッセンスも取り入れ、**「その時、思いついた好きな映画を3本、言ってもらえれば、あなたの性格がわかる」**というエンタメを発案したのです。

それからはテレビやラジオのスタッフさんや知り合いのタレントさんだけでなく、X（旧Twitter）で一般の方から好きな映画を3本聞いて、その方のキャラクターを引用リポストするなどして、自分のスキルアップと対応力と同時に世間への宣伝と告知（アピール）を兼ねて、これまでトータル8000人以上の映画心理分析をしてきました。

繰り返しますが、僕が考案した映画心理分析はエンタメです。エンタメは楽しむためにあります！　読者の皆さんも、やってみてください。

質問　あなたが今、思いついた映画を3本、書いてください。

①

②

③

●映画心理分析をすると何がわかるのか

では、ここで「3本の映画」で相手の何がわかるかを解説したいと思います。

映画心理分析で見えてくることは……
1本目に挙げる映画↓「**人にこう思われたい**」という作品
2本目に挙げる映画↓**その人の「根底に流れるテーマ」**の作品
3本目に挙げる映画↓自身のキャラクターについて「**バランスを取る**」作品

以上が大まかな内容になります。以下、僕の考察です。

1本目は、「人にこう思われたい」という作品を挙げる傾向があります。本音と建前でいうと「**建前**」のようなもの、いわゆるペルソナ（**自己の外的側面**）。「私はこういう顔で生きております」という名刺のような映画です。

2本目は、その人の「根底に流れるテーマ」の作品を挙げる傾向があります。本音と建前でいうと「**本音**」、あるいは「**潜在意識**」のようなもので、「抑圧している陰の自分」が、その作品ににじみ出ています。

3本目は、自身のキャラクターについて「バランスを取る」作品を挙げる傾向があります。**本当の自分と世間に見せている自分のバランスを取る**ため、1本目と2本目の映画をほどよく中和させるような意味合いの作品を挙げています。

なお、実際に僕が映画分析をする時は、これ以外の要素も加味しています。

例えば、作品3本の共通性や、ハッピーエンドとアンハッピーエンドの物語の割合を考慮しています。また、特定の映画が浮かんでいるのに明かさない人がいたり、作品の注釈などを過剰なまでに伝える人もいます。そうした人については、それらの点も踏まえて性格や傾向などを指摘しています。

この映画心理分析は、自分の想像以上に話題となり、雑誌の連載やラジオ番組、テレビのバラエティ番組へのゲスト出演など、メディアからのオファーが突然、増えるようになりました。特に反響が大きかったのが、バラエティ番組「嵐にしやがれ」(日本テレビ系列)において、二宮和也さんが松本潤さんに映画心理分析をするということで、僕がゲスト出演した際です。まったく無名だった僕の存在と「映画心理分析」というワードを知ってくださる方が、この時、急激に増えました。

その後、「映画心理分析」以外にも、相手の悩みに応じておすすめの映画を紹介する**「処方箋映画」**というコンテンツも発案し、現在、『日刊ゲンダイ』で「コトブキツカサの映画処方箋」を不定期連載しています。その悩みが完全に解決しないとしても、相手の気持ちがほんの少しでも楽になるよう、僕なりに心を込めて映画をおすすめしていますので、ご興味のある方は、ぜひこちらの連載もお楽しみください。

●揶揄《やゆ》されようと、映画に興味を持ってもらえるなら満足

映画をエンタメ化したコンテンツを発表することに、自分自身、戸惑うこともありました。シネフィル（映画通）の方々から反発を受けると思ったからです。

しかし、映画パーソナリティという新しい生き方を始めるなら、まず自分の存在を世間に知ってもらうことが大事だと思い直しました。そして、いざ実行したところ、「ただの映画好き」に仕事が舞い込むようになっていきます。

僕自身、最も想定外だったのは、ベテランの映画評論家の方から、「どんな形であれ映画業界を盛り上げる行動や発言は好ましい」と労《ねぎら》っていただいたことや、業界内から反発の意見が、少なくとも僕の耳には届かなかったことです。

とはいえ、SNSで「好きな映画で人の性格がわかるわけないだろ」というリプライをもらったことはあります。おっしゃる通り。その意見を全否定するつもりはなくて、繰り返しますが、あくまで**「映画心理分析」は余興でありエンタメ**なのです。科学的根拠が証明されたものではありません。かといって占いでもなく、内面の傾向がわかるだけですが、誰かを不幸にするものでもないのです。

僕としては、映画心理学というエンタメで、映画に興味を持つ人が少しでも増えればそれでいい、と考えています。

●あの芸能人は、どんな映画を挙げたのか

最後にモデルケースとして著名人10人が挙げた作品を紹介しつつ、当時の思い出や簡単な分析結果を振り返りたいと思います。

アンタッチャブル山崎

①インディ・ジョーンズ　②ターミネーター　③バック・トゥ・ザ・フューチャー

通好みの映画タイトルではなく、シリーズ化しているメジャー映画を3本挙げる方は、他人からの評価は関係なく、自分の道を突き進むタイプです。

劇団ひとり

①ノッティングヒルの恋人　②プリティウーマン　③ホワイトライズ

30代男性が恋愛映画を3本挙げるのは珍しいことでしたが、この1か月後に劇団ひとりさんは結婚を発表。その後、「自分でも不思議なのは、人生で一番好きな映画『男はつらいよ』をあの時は挙げなかったんだよね」と語っていました。

佐藤かよ

①美少女戦士セーラームーン　②ソルト　③インハーシューズ

テレビ番組の収録中に分析したのですが、「3本に共通するのは『強い女性への憧れ』と『女性としての超えられない壁』ですね」といった話をしたら、佐藤さんの心に響いたらしく、収録中に涙を流されていたのがとても印象的です。

鈴木おさむ

①バック・トゥ・ザ・フューチャー　②ムーランルージュ　③キック・アス

鈴木さんに映画心理分析するのは3年ぶり2回目で、「一番好きなのは『バック・トゥ・ザ・フューチャー』なんだけど、1回目の時はメジャーな映画を挙げるのが恥ずかしかったんだよね」と言っていました。初分析から3年という月日を経て、自分に正直になれた（確固たる自信を得た）証だと感じました。

千原ジュニア

①ダンサー・イン・ザ・ダーク　②シティオブゴッド　③竜二

3本ともアンハッピーエンドな作品。非常に現実的な方で、むしろ人生の最後を見据えつつ「今を楽しく生きようとする方」と僕は感じました。

長州力

①ゴッドファーザー　②ゴッドファーザーPERTⅡ　③ゴッドファーザーPERTⅢ

映画心理分析をする時は3本の作品から相手の思考等を想像するので、シリーズ作品の回答は原則NGとお伝えしたのですが、長州さんは、「ゴッドファーザー」の3作品を挙げました。ルールに縛られない独自の道を歩む方です。

二宮和也

①千と千尋の神隠し　②トロピックサンダー　③ソーシャルネットワーク

1本目にジブリ映画（ヒットしたアニメ映画）を挙げる方は、他人からアドバイスされたとしても自分の意思を貫く方が多く、どちらかといえば単独行動を好む性格です。

薬丸裕英

①クレイマー、クレイマー　②アイアムサム　③ニュー・シネマ・パラダイス

当時放送されていたTBS系列のバラエティ番組「はなまるマーケット」出演時に分析。3本とも子どもの成長とその姿を見守る大人との関係を描いた作品。子煩悩な薬丸さんならではの3本でした。

番外編

マツコ・デラックス

①奇跡の海　②追憶　③Wの悲劇　④ダンサー・イン・ザ・ダーク　⑤ひまわり

「3本には絞れない」と言って5本挙げられました。他人が設定した既存の概念をはみ出すキャラクターと自分の思いを伝えたいという強い気持ちを感じました。5本とも哀しい結末の物語だと指摘すると驚いた表情で、「やっぱり映画に出るのね。私は人生の幕をどう閉じるかしか考えてないよ」と話していました。

板尾創路

回答しない

沖縄国際映画祭でご一緒した際、「俺も分析してよ」と言われ、「もちろんです。好きな映画3本挙げてください」と質問すると、「3本か、難しいなぁ〜」と30分ほど考えた上で1本も挙げませんでした。他人に自分のことを悟られたくない、決めつけられたくないという心理が羞恥心とともに働いたのだと思います。

映画音楽の重要性と北野映画にまつわるエピソード

●映画監督と音楽家の静かな丁々発止

「最良の映画の最も印象的なシーンは、映像と音楽が優位を占めて作られたシーンである」

こう語ったのは鬼才、スタンリー・キューブリック監督です。

僕の場合、忘れがたい大好きな映画はすべて「映画（劇場）音楽」とともに脳内に保存されています。

映画音楽は、視覚に訴える映像を、聴覚の面から引き立てる重要な要素です。シーンの背後で流れる音楽によって人が受ける印象はまったく異なり、作品が語るメッセージさえ左右します。映画監督にとって観客に伝えたい物語を伝える大きな「橋渡し」を音楽が担っています。

映画音楽と作品の関係で思い出すのは北野武監督の逸話です。

北野監督は、ジブリ映画でもおなじみの音楽家・久石譲氏と、**「あの夏、いちばん静かな海。」**（1991）、**「ソナチネ」**（1993）、**「キッズ・リターン」**（1996）、**「HANA-BI」**（1998）、**「菊次郎の夏」**（1999）、**「BROTHER」**（2000）、**「Dolls」**（2002）でタッグを組んできました。

北野映画は、国内の興行成績は芳しくないものの、国内外に熱狂的なファンがいることで知られており、事実、海外の映画祭で高く評価されています。

ただ、北野監督としては海外メディアからインタビューを受ける際、必ずといっていいほど久石譲氏の音楽が絶賛されることに思うところがあったようです。自身の作品に対する評価と、映画音楽への評価のバランスに疑問を感じ、「Dolls」を最後に久石氏と袂を分かつこととなります。

当然ながら映画はMVではないわけで、作品を観終わった時、音楽だけが印象深くなってしまうことがあれば、それはバランスを欠いているといえるでしょう。

北野映画は作品として十分、存在感を放っていますが、このエピソードから、僕は映画監督と音楽家の静かな丁々発止があることを感じずにはいられません。

●「好きな映画音楽を語る」＝「好きな映画を語る」になることも

北野映画と音楽の逸話はもうひとつあります。

1990年に公開された**「稲村ジェーン」**は、サザンオールスターズでおなじみ、桑田佳祐氏が初監督した、鎌倉市稲村ヶ崎を舞台にあるサーファーのひと夏を描いた映画です。

本作は、観客や評論家の評価は分かれたものの、興行的に成功。主題歌の「真夏の果実」、挿入歌の「希望の轍」「忘れられたBig Wave」も大絶賛されました。

しかし、北野監督は自身が執筆する映画コラムで、「半分も観ないうちに逃げ出したくなった。こんなに長く感じた映画は初めてだね」と述べて、業界は騒然となりました。

この一言により、「たけしが桑田映画を批判」と喧伝されたのですが、じつはこの後、北野監督は、「オレは（稲村ジェーンを）非難しているんじゃない。誤解しないように。**音楽映画なのに邪魔な台詞がありすぎて音楽を殺している。**音楽と絵でやったほうがインパクトの強いものになる」と、作品と映画音楽については一定の理解を示していたのです。当時コメディアンとして舌鋒鋭く〝毒ガス〟を撒き散らしていた「ビートたけし」としての独自の言い回しだったのでしょう。

ただ、この話が桑田佳祐氏の耳に入り、同氏の身内のパーティで、「たけしさんのことは尊敬しています。ただ、（この映画が）つまらないというのは感性が足りないから。たけしさんは若者の気持ちがわかっていない」と発言したのです。

その話を聞いた北野監督は翌1991年、久石譲氏を音楽監督として招き、サーファーが主人公、かつ、台詞がほとんどない**「あの夏、いちばん静かな海。」**をアンサームービー的に公開するに至ります（ちなみに、その後メディアで2人の確執が報道されましたが、年月を経て、現在はお互いをリスペクトしている旨の発言をしています）。

「音楽映画なのに邪魔な台詞がありすぎて音楽を殺している」とミュージシャンの桑田作品に毒ガスを撒いた北野監督が、台詞がほぼない「あの夏、いちばん静かな海。」の音楽を久石譲氏に依頼し、その後、作品と音楽のバランスについて思いあぐねた監督が久石氏と袂を分かつ展開に、不思議なドラマを感じます。

●観てから聴くか、聴いてから観るか――コトブキツカサおすすめ映画音楽

さてこの節の最後に、僕のお気に入りの映画音楽が使用されている作品を何本か紹介したいと思います（五十音順）。あえて映画の要約解説は入れません。機会があれば「作品と音楽のバランス」に注目しながら鑑賞してみてください。

映画音楽は決して作品の「添え物」ではありません。時に、「好きな映画を語ること」は「好きな映画音楽を語ること」と同義なのです。

「あと1センチの恋」 KTタンストール／サドゥンリー・アイ・シー

「あの頃ペニー・レインと」 スティービー・ワンダー／マイ・シェリー・アモール
エルトン・ジョン／タイニー・ダンサー

「イグジット・スルー・ザ・ギフトショップ」
リチャード・ハーレイ／トゥナイト・ザ・ストリーツ・アー・アワーズ

「モダン・タイムス」 スマイル（ナット・キング・コール、映画はインストゥルメンタル）

「イングリッシュマンinニューヨーク」
スティング／イングリッシュマン・イン・ニューヨーク

「ウォールフラワー」　デヴィッド・ボウイ／ヒーローズ

「オデッセイ」　グロリア・ゲイナー／アイウィル サバイブ

「怪盗グルーのミニオン危機一発」　ファレル・ウィリアムス／ハッピー

「キック・アス」

ジョーン・ジェット&ザ・ブラックハーツ／バッド・レピュテーション

「オーシャンズ・イレブン」

エルヴィス・プレスリー／ア・リトル・レス・カンヴァセーション

「ジャッキー・ブラウン」　ボビー・ウーマック／110番街交差点

「セレステ∞ジェシー」　リリー・アレン／リトレスト・シングス

「ソラニン」　アジアン・カンフー・ジェネレーション／ソラニン

「007 スカイフォール」　アデル／スカイフォール

「ノッティングヒルの恋人」　エルヴィス・コステロ／シー

「バグダッド・カフェ」　ジェヴェッタ・スティール／コーリング・ユー

「パルプ・フィクション」　クール&ザ・ギャング／ジャングル・ブギー

「ビッグ・ボーイズ しあわせの鳥を探して」
コールドプレイ／美しき生命 ヴィヴァ・ラ・ヴィダ
「ベスト・フレンズ・ウェディング」
ダイアナ・キング／アイ セイ ア リトル プレイヤー
「LIFE!」 デヴィッド・ボウイ／スペース オディティ
「ラ・ラ・ランド」 ラ・ラ・ランド キャスト／アナザー・デイ・オブ・サン
「猟奇的な彼女」 シン・スンフン／アイ ビリーブ
「レオン」 スティング／シェイプ・オブ・マイ・ハート
「6才のボクが、大人になるまで。」 コールドプレイ／イエロー

あなたのお気に入りの映画音楽も記録してみよう。
映画のタイトル
曲名など

「映画を批評する」ということ

●「映画パーソナリティ」が誕生した経緯

僕が「映画批評の仕事を始めよう」と思った時、まずしたことは自分の肩書きを決めることでした。

そこで、映画情報誌を読みあさり、執筆者の肩書きを調べてみると、映画評論家、映画コメンテーター、映画ライター、映画アドバイザーなど、さまざまな名称で活動している方がいることを知ったのです。

これら既存の肩書きから気に入ったものを名乗るのも一案でしたが、もともとラジオパーソナリティになりたくて芸能の世界に潜り込んだ経緯から**「映画パーソナリティ」**という肩書きで活動することを決意しました。

●注目されやすい「減点法の批評」を僕がしない理由

次に作品に対する自身の映画批評の方向性を考えました。

時代としてはインターネット上への書き込みや個人ブログが広まり、市井の人々も日々の雑感などを気軽に文章で綴ることが珍しくなくなっていました。

そうした中、取り上げる対象に対して**辛辣な批評をする人ほど目立つ傾向**が当時はあり（これは現在もそうなのかもしれません）、地上波テレビでは某映画監督が新作映画を手厳しく批評する番組が話題になっていました。

さらに、ゼロ年代後半の芸能界では毒舌ブームが到来しました。

お笑いタレントの有吉弘行さんは、共演タレントに対してシニカルなあだ名をつけたり、アイドルへの手厳しいコメントなどで現場を沸かせ、コラムニストのマツコ・デラックスさんは、番組スタッフやVTR出演した一般の方の発言に忌憚のない意見で鋭く切り込み、俳優でタレントの坂上忍さんは、女性のルッキズムに対する個人的趣向を堂々と発言して注目されていました。

三者は**エンタメにおける過剰性**で世間に注目され、番組のMCなどに抜擢された後、世の移り変わりに合わせて過剰性を緩やかに調整し、現在の揺るぎない地位を確立しました。

一定のラインを超えた辛辣なコメントをすれば注目される可能性は高まり、その過剰さが名刺代わりとなって認知度を高め、自分の名前が世間に知れ渡る可能性はあります。

正直な話をすると、映画を批評する仕事をすると決めた時、「新作映画に対して歯に衣着せぬ発言で手厳しいスタンスを取れば注目されるかも……」という思いが一瞬、頭をよぎりました。実際に、そうしたスタンスで仕事をしたほうがいいとアドバイスをしてくれた方もいました。

しかし、「毒舌」という禁断の果実をかじったところで、誰もが成功するとは限りません。有吉さんもマツコさんも坂上さんも、それまでに培った経験と芸能界での立ち位置があり、さらに天賦の才の持ち主だからこそ多くの方々から受け入れられたのです。

そして、僕自身の信念として、手厳しい批評で注目されるよりも、自分の好きな映画を多くの人に伝えたい気持ちが強くありました。

そこで、**「映画を批評する時は、減点法で伝えるより加点法で伝えることにする」**と決意したのです。

映画批評は人間批評と一緒で、完璧な映画も完璧な人間も存在しないという仮説の下、映画を批評するなら、その作品の良いところを人に伝えて映画館に赴く人を増やしたいと考えました。

ただ、マイルールとして、加点法の映画批評のほかに次の2点を心がけています。

- **面白くなかった映画を決して「面白い」と言わない、書かない**（これは反則）
- **紙幅や時間が許せば、加点したところに加えて、「自分はここがダメだった」「ここが好みではなかった」という減点したところも伝えるようにする**

やや優等生的発言に聞こえるかもしれませんが、これは仕事をする上での僕の大切な理念、基本方針です。こうした「初期設定」を明確にせず、ブレたスタンスで愛すべき映画を批評しないよう、日々、心がけています。

●映画の批評は白黒つけるものではない

映画の感想や批評は、観る人の資質や人生経験、置かれた環境、その日のコンディションで変わります。

「ダンサー・イン・ザ・ダーク」（2000）は、第53回カンヌ国際映画祭で最高のパルム・ドールを受賞したビョーク主演の作品ですが、ダウンタウンの松本人志さんは著書『松本人志のシネマ坊主』で10点満点中10点をつけました。

一方、くりぃむしちゅーの上田晋也さんと本作の話になった時、「個人的に0点の映画だ」と本人が断言しました。

このように、同じ作品を観ても賛否が分かれるのはよくあることです。そして、自分の意見と異なった批評をする人に対し、ネット上で当たり屋的に過激な反論をしているケースも見かけます。こうしたケースを目にすると、個人的には辛くなってしまうのが本音です。僕としては、**映画の批評は人それぞれで、賛否が分かれても、それは自然な反応であり、白黒つけるものではない**と感じているからです。

次世代の映画人たちに必要な〝信用マイレージ〟とは

●映画を評論する側にも必要な信用マイレージ

映画監督の是枝裕和氏は、以前、「なぜ大学生の作るものがつまらないかというと、内側が豊かではないのに自己表出しようとするからです」と語っています。

豊富な人生経験に基づいた発想は作品を豊かにしますし、表現と技術と知識の基盤は映画に「深み」と「コク」を与えます。一方で、若さゆえに、無自覚だからこそ自由に表現できるのが若者の強みであり、特権ともいえるかもしれません。

現在、邦画界では制作費10億円で大作といわれます。経験のない若手監督に、映画会社が大作の制作を依頼することは、ほぼありません。なぜなら、若い監督には**〝信用マイレージ〟**が貯まっていないからです。

映画興行はギャンブルの側面もあるので、配給会社側が実績を積んだ監督にベットするのは当然です。

映画監督だけでなく、映画を評論・批評する僕のような立場においても信用マイレージは必要で、年齢は関係なく、映画の見方や分析を積み上げてきた評論家が、読者の信頼を得て支持されるようになるのです。

●映画は観客みんなのもの

もう10年以上前の話ですが、とあるライブを見た帰り、偶然会場にいた知り合いに誘われて、映画好きなメディア関係者5～6人と新宿の居酒屋に行くことになりました。

映画談義に花を咲かせながら2時間ほど経過した頃、1人のテレビプロデューサーが、「コトブキさん、この前、TBSラジオの伊集院光さんの番組でバンクシーの監督作『イグジット・スルー・ザ・ギフトショップ』を紹介してましたよね。あれは置きにいきましたねぇ～」と笑みをこぼしながら言いました。

「イグジット・スルー・ザ・ギフトショップ」（2010）は、イギリスで覆面芸術家として活躍するバンクシーが初監督したドキュメンタリー映画で、アート業界への痛烈な批判が評判を呼び、アカデミー賞で長編ドキュメンタリー賞にノミネートされるなど、話題になった作品です。

すると突然、僕の目の前に座っていた若いライターさんが大声で叫びました。

「言っとくけど『イグジット・スルー・ザ・ギフトショップ』は町山さんのものだから！」

彼が言いたかったことは、「映画評論家の町山智浩さんが、伊集院さんの番組で僕（コトブキツカサ）が紹介する前にラジオで同作品を紹介してるから、それは町山さんのものだ」ということらしいのです。

当然ですが、「イグジット・スルー・ザ・ギフトショップ」は町山さんのものではありません。おそらく、その若いライターさんは町山智浩さんに影響を受けており、町山さんに対する信用マイレージが高い状態にあるのだと思われました。

「町山さんの映画評論がお好きなんですね。でも、映画は観客みんなのものですよ」

と僕はやんわりと諭した思い出があります。

プロ書評家でプロインタビュアーの吉田豪さんは、さまざまなサブカルチャーの評論等をしていますが、「映画を語ると面倒くさいことになるから距離を置いている」と語っています。

確かに、一部のシネフィル（映画通）の方々は映画思想への偏りが強いのも事実。一方で、その映画思想が強い方々の一部が、現在、仕事として映画ライターや映画評論家として活躍し、業界を盛り上げています。

業界を盛り上げることは僕も大賛成です。しかし、マニアといわれる方が、自分が愛好する世界を、より縮小状態にさせることほど愚かな結末はありません。いい映画であれば、どんどんすすめて、多くの人に観てもらえる状況にするのが本筋。「Aさんが紹介したから、Bさんは紹介しなくていい。しちゃダメ」という理論は、自ら閉塞的な状況にしているので、信用マイレージを失う行為です。

映画に携わる若い方々にお伝えしたいことは、努力したからといって必ず成功するわけではありませんが、**業界で存在感を示している方は必ず努力しています**。ネクストステージの仕事依頼が舞い込むように、健全な形で信用マイレージが貯まるように、愚直に仕事を続けてほしいと思います。そして僕も引き続き精進します。

僕の心に響いた映画名言

●人ぞれぞれに忘れられない映画の台詞がある

この章の最後に、これまで僕が映画を観た後にメモしてきた個人的映画名言を、ほんの少しですがご紹介します（五十音順）。あくまで僕の主観で選んだ名言ですが、少しでも気になったのならば、ぜひその映画の世界観にどっぷり浸ってくださると、映画中毒の僕としては嬉しく思います。

アイアム ブルース・リー 流れる水は決して腐らない

アイアン・スカイ 復讐の物語の終わりは、いつも悲劇的だ

あの頃、君を追いかけた お前に恋してた自分が好きだ

あの頃ペニー・レインと 本気にしなければ傷つかない。傷つかなければいつも楽

しい

アメリ　人間には人生を失敗する権利がある

アリス・イン・ワンダーランド　時間の旅　過去は変えられない。でも学べる

イコライザー　人生で一番大事な日は、生まれた日と生まれた理由がわかった日

イノセント・ガーデン　欲望が感覚を研ぎ澄ませる

イントゥ・ザ・ワイルド　幸せが現実になるのはそれを誰かとわかち合った時

エブリバディ ウォンツ・サム!!　死ぬ前に後悔するのはやったことじゃない。やり残したことだ

美味しんぼ　大人には2つの顔がある。ネクタイを締めた自分と裸の自分だ

オードリー・ヘプバーン　愛せる相手を見つけただけでも幸運。愛されればもっと幸せ

おとなの恋は、まわり道　傷ついても愛さずにいられない。愛は理性じゃないから

怪物　誰かにしか手に入らないものは幸せっていわない

神のゆらぎ　飛行機が落ちるのは全能の神がいないから

君の名前で僕を呼んで　今はただ悲しく辛いだろうが、痛みを葬ってはいけない。お前が感じた喜びをその痛みとともに葬ってはいけないよ

切り裂き魔ゴーレム　名声とは他人の口に宿る偽りの人生
空気人形　心を持つことは哀しいこと
グッモーエビアン！　あなたが産まれた時、あなたは泣いて周りはみんな笑っていたでしょ！　だからあなたが死ぬ時は周りが泣いてあなたが笑っているような、そういう人生を歩みなさい
黒い司法　0%からの奇跡　絶望は正義の敵
小悪魔はなぜモテる?!　辛い時はユーモアで乗り切るのよ
この世界の片隅に　しみじみニヤニヤしとるんじゃ
こんな夜更けにバナナかよ　生きるというのは迷惑をかけあうこと
シークレット・スーパースター　夢は人間に与えられた権利だ
時間回廊の殺人　母親にとって子どもは信仰と同じなの
新聞記者　誰よりも自分を信じ疑え
そして父になる　負けたことがない奴は人の気持ちがわからない
ＴＡＧ タグ　過去に生きたら今が死ぬ
魂のゆくえ　絶望を解決するのは勇気だ
トゥ・レスリー　人生はおとぎ話じゃない

図書館戦争　正論は正しい。ただ正論を武器にするのは正しくない
ドライブ・マイ・カー　君が望まない物を僕だけが望んでも意味がない
なっちゃんはまだ新宿　東京は人が多くて、帰り道で歌が歌えない……
夏の終り　愛はだらしがないもの
何者　頭にあるうちは傑作
ナポリの隣人　幸せは目指す場所ではなく帰る家だ
名もなき生涯　世界の創造者は悪も作った
ニンフォマニアック　セクシュアリティは人間にとって最も強い力
脳内ポイズンベリー　私はあなたが好き。でもあなたといる自分が嫌い
ハッピー・デス・デイ　今日は残りの人生の最初の1日
ハリエット　みんなの居場所を用意するわ
ふがいない僕は空を見た　バカな恋愛をしたことない奴いるのか？
ふきげんな過去　欲望の行き着く先は孤独
ブラックパンサー　賢い者は橋を架ける。愚かな者は壁を造る
ブレス　あの波の向こうへ　人は恐怖に立ち向かった時、運命を切り開く
プロジェクト・グーテンベルク　贋札王　白黒つけたがる者は必ず失敗する

ボクたちの交換日記　人生は戦いかもしれないけれど、トーナメント戦ではない
町田くんの世界　この世界は悪意に満ちている。でも捨てたもんじゃない
窓辺にて　正直であることは誰かを傷つける
由宇子の天秤　正論が最善とは限らない
リトル・ミス・サンシャイン　負け犬は負けるのが怖くて挑戦しない奴らのことだ
ワールズ・エンド　人により地元は刑務所みたいに退屈で、忘れられない聖地でも
ある
ワンダー　君は太陽　正しいこと親切なこと。選ぶなら親切なこと
ワン・デイ　23年のラブストーリー　誰かと寝るといつも笑うか泣くかよ。その中
間ならいいのに……

付　録

コトブキツカサの追憶

映画人との個人的エピソード

小泉今日子

誰にも真似できない唯一無二の存在感

●小泉伝説の根底にあるサービス精神

アイドル、歌手、俳優と、芸能界のフロントランナーとして長年にわたりショウビズの世界を闊歩してきた小泉今日子さん。彼女のキャリアと存在は唯一無二であり、誰にも真似できません。

デビュー当時から所属していた大手芸能事務所を2018年に独立し、自らプロダクションを設立。近頃は舞台や映画のプロデューサーとしても活躍しており、俳優・演出家の豊原功補さん、外山文治監督らで映画制作会社「新世界合同会社」を立ち上げ、**「ソワレ」**（2020）などをプロデュースしています。

「NHKホールの近くに待たせていた地元の仲間たちと、紅白歌合戦出演後にバイクで初日の出を拝みに行った」「アイドルとしての活動に不自由さを感じ、髪をショートカットにして周囲のスタッフを唖然とさせた」など、芸能史における小泉伝説は枚挙にいとまがありませんが、僕の好きなエピソードが2つあります。

ひとつ目は、知人であるバラエティ番組のディレクターから聞いた話。

ある番組に出演NGも覚悟の上、小泉さんへの出演を依頼したところ、快諾の連絡がきたそうです。そして、本人を交えて打ち合わせをしたところ、その頃、小泉さんがシューティング・ゲームにはまっていて、楽屋にモニターを持ち込んでプレイしているという話題から、その楽屋風景を撮ることに。

撮影当日、スタッフがカメラを回しながら楽屋をノックすると、シューティング・ゲーム用のライフルを片手に、くわえタバコの本人が登場。小粋な女性スナイパーとして出演する姿は、ノーカットで放送できたといいます（視聴者やクライアントへのイメージを大事にする女優が、バラエティ番組で喫煙シーンの放送を承認する例は、最近ではほとんどありません）。

もうひとつ、知り合いのタレントから聞いた小泉さんの発言も僕のお気に入りです。酒席で80年代女性アイドルの話題になった時、当時の事情を僕の知り合いのタレントが小泉さんに聞くと、

「80年代の女性アイドル・トップ3として聖子ちゃん、明菜ちゃん、そして私の名前がよく挙がるけど、聖子ちゃんと明菜ちゃんって本当にすごくて、手の届かない雲の上の存在だったのね。だから1位・2位とはだいぶ離れて3位の私がいたの。ただ、ハッキリとさせておきたいのは、4位の方が誰かはわからないけど、その方とは相当距離を離してたと思う（笑）」

謙虚さと大胆さとユーモアが混じり合った、僕の大好きな小泉発言です。

●凍り付いた現場を一言で氷解させてしまう懐の深さ

そんな小泉さんにテレビ収録のインタビューをすることになりました。

一ファンであることもあり、高揚しながら当日を迎えましたが、これまでの芸能生活や女優活動についての質問に淀みなく、時にユーモアを交えて答えてくださり、インタビューも撮影も和やかに進んでいきました。

ハリウッドセレブを含む大物俳優へのインタビューでは、事前に関係者から「NG質問」を言い渡されるケースもあるのですが、今回のインタビューは何も言われなかったので、現場の雰囲気を確認しつつ、この話だけは聞きたいと思っていた質問を思い切ってぶつけました。

「映画**『毎日かあさん』**（2011）では、プライベートでもパートナーだった永瀬正敏さんと夫婦役で共演されましたが、永瀬さんがインタビューで『小泉さんは主役とは何かよくわかっていて驚いた。撮影現場ですべてを背負う覚悟がある女優だと知りました』と、小泉さんを女優として絶賛していますが、その言葉を聞いてどう思われますか？」

僕がそう聞くと小泉さんは、

「そんなことを話してくれたんですね。とても光栄です。もしかしたら別れるのが少し早かったかもしれませんね」

と、笑いながらこう答えてくれたのです。

しかし、僕がその質問を発した後、テレビ局の偉い方や現場スタッフ、小泉さんの事務所関係者の方々の顔つきが一変しました。僕と小泉さんが話し続ける中、カメラの向こうでマネージャーさんらしき方と番組プロデューサーが、顔をしかめてヒソヒソと話し合っている姿も見えます。

僕自身、映画関連のインタビューで私生活に関する質問はあまりしないのですが、共演された永瀬さんが小泉さんについて語っていたので、今回はその感想を聞こうと思ったのです。

小泉さんの返答に僕は嬉々とし、「ディレクターも良いコメントが撮れたと満足しているだろう」と横目でうかがうと、ディレクターが喜ぶどころか、カメラマン以外の番組スタッフがこちらに背を向け、小泉さんの事務所の方々と真剣に話し合っているのです。

僕の質問が踏み込み過ぎていて事務所の方々が不快感を示し、スタッフさんに迷惑をかけたようだ……。自責の念に駆られながらも、カメラは回っていますから、張り詰めた空気を少し和らげようと思い、僕は「今回は貴重な話が聞けて本当に嬉しいです」と恐縮しながらお礼を伝えると、小泉さんはその言葉を受けて、

「私は自分の発言に全責任を負っていますから、何も気にしないでくださいね」

それからチラッと自分のスタッフのほうを見ました。

おそらく、小泉さんは今の状況をすべて察した上で、僕に話しかけながら、実際は事務所のマネージャーや番組スタッフへのメッセージとして、「自分の発言には全責任を負っている」と念押ししたのです。

その時の小泉さんの意思のある強い眼差しと優しい笑顔を、僕は一生忘れることはないと思います。

すべてのインタビューが終わり小泉さんが立ち去ろうとしたので、改めてインタビューに応じてくれたことへの感謝と、プライベートな部分まで踏み込んで聞いてしまったお詫びを伝えました。すると、

「とんでもない。とても楽しかったです。**今日収録した話は全部使ってもらって大丈夫ですからね**」

と全スタッフに聞こえるように言って去って行きました。

この日の様子は、ほぼカットされることなくテレビで放送されました。

「小泉今日子」という女優の懐の深さを見せつけられた、僕にとって特別なインタビューの思い出です。

加賀まりこ

特別な映画に出演する特別な方との特別なひととき

●緊張していることに気づかないほどの緊張

僕の尊敬する先輩は、仕事をする上で、「緊張してはいけない」といいます。緊張するのは実力以上のことを求めている証拠であり、本来備わっている能力も発揮できなくなるからだと。

しかし、別の尊敬する先輩は、「緊張しなければいけない」といいます。緊張感が自分の感覚を研ぎ澄まし、覚醒させ、実力以上の能力が発揮されるからだと。

どちらも間違いではありません。僕としては、緊張感によるストレスを回避したいので、平常心で仕事に臨むことを心がけてきたつもりでした。その日までは……。

僕は、ある楽屋の一室でコーヒーを何度も口元に運んでいました。すぐそばには弁当やお菓子が用意されていましたが、固形物はとても食べられそうにありません。部屋の隅にある椅子に座り、進行台本に自ら書き込んだ質問を復唱しながらシミュレーションしていると、ページをめくる指先がかすかに震えていることに気がつきました。そこで僕は初めて自分が緊張していることを自覚したのです。

僕が待機していた場所は**毎日映画コンクール**が行われる会場のバックヤードにある楽屋でした。

毎日映画コンクールは、1946年に創設された国内有数の歴史ある映画賞です。もともとはその名の通り、毎日新聞社の単独主催賞でした。

ところが、映画賞を保有していないフジサンケイグループが毎日映画コンクールを自分たちの主催映画賞にしたい旨を日本映画製作者連盟会長の岡田茂氏に伝え、その話を聞きつけたスポーツニッポン新聞社がそれを阻止する形で毎日新聞社に資金援助を申し出て、現在、毎日映画コンクールは毎日新聞社とスポーツニッポン新聞社が共催する映画賞となりました。

毎日映画コンクールの授賞式の模様は、かつてテレビ神奈川で放送されており、僕は番組の司会者として受賞者インタビューをする大役を担っていました。

毎日映画コンクールにはさまざまな賞が設けられていますが、映画ファンや映画関係者が注目している独自の賞が**田中絹代賞**です。

日本映画界を支えた大スター・田中絹代は、14歳で映画界入りしてから清純派スターとして活躍。松竹の看板スターとなり、小津安二郎、溝口健二、成瀬巳喜男、木下恵介などの大物監督に愛され、生涯で260本以上の作品に出演。映画監督としても活躍しました。

田中絹代が亡くなってから数年後、彼女の又従弟で映画監督の小林正樹が尽力し、毎日映画コンクールに田中絹代賞が設立されました。第一回目の受賞者である吉永小百合から始まり、以降、そうそうたる女優が受賞してきた賞です。

この日の僕が平常心を保てなかった理由は明白でした。数時間後に今回の田中絹代賞を受賞した加賀まりこさんへのインタビューが控えていたからです。

僕にとっての人生のベスト映画の一本は和田誠監督の**「麻雀放浪記」**（1984）です。オックスクラブのママ（八代ゆき）役の加賀まりこさんの妖艶さに魅せられてから幾年月、ついに会える機会を得たのですから心が乱れないわけがありません。

●今も思い出す加賀さんからの魔法の言葉

男優主演賞の松田龍平さん、女優主演賞の赤木春恵さん、男優助演賞のピエール瀧さん、女優助演賞の吉高由里子さん、石井裕也監督……。授賞式が始まり、百花繚乱の受賞者がインタビューエリアに次々と現れ、僕の質問に答えてくれました。

そして、ついにその時がやってきました。歯に衣着せぬ言動でマスコミや世間を賑わせ、何事にも忖度せず芸能界を生き抜いてきた加賀まりこさんが、僕の目の前に颯爽と現れたのです。

加賀さんは、映画会社・大映の大物プロデューサーだった父親の影響もあり、芸能界と近しい環境で育ちました。

子どもの頃から自由奔放な性格で、学生時代から大人に交じって港区界隈で遊び、六本木にあった伝説の高級イタリアレストラン「キャンティ」では常連の大物芸能人からかわいがられていたといいます。

高校生の頃、通学途中に劇団天井桟敷を主宰する寺山修司と映画監督の篠田正浩にスカウトされて芸能界に。**「涙を、獅子のたて髪に」**（1962）で映画デビューした後、その美貌と演技力で一躍人気女優となりますが、マスコミなどへの対応や発言から生意気な新人女優というレッテルを貼られてしまいます。

過熱する週刊誌報道やマスコミからのバッシングに辟易し、20歳で芸能の仕事をすべてキャンセルして休業。単身でフランス・パリに渡ります。

その後、帰国し、芸能活動を再スタートしてからは、それまでの呪縛が解かれたかのように、映画、ドラマ、バラエティ番組などで幅広く活躍するのです。

インタビューエリアに現れた加賀さんを前に、僕は粛然と襟を正しながら自己紹介を済ませ、間もなく番組収録が始まりました。

「尊敬する田中絹代さんの賞じゃなかったら、こんな場所まで来なかったわよ」

カメラの後ろに控えていた大勢のスタッフさんの笑い声が会場に響きます。

緊張感が走る現場の空気が、露悪的につぶやく加賀さんのひと言で、むしろ軽やかになっていくのですから不思議です。いつしか、僕の緊張感も解けていきました。

田中絹代さんとのエピソードや映画界に対する思いも伺うことができ、インタビューは過不足がない状態でしたが、最後に自分の気持ちを加賀さんに伝えました。

「僕は主に映画を紹介する仕事をしていて、今回、司会という大役を任されましたが、僕の人生のベスト映画が加賀まりこさんが出演していた『**麻雀放浪記**』なのです。大袈裟に聞こえるかもしれませんが、あの映画に出会っていなければ、僕はこの場所に立っていなかったかもしれません」

受賞インタビューと直接関係のない愚行に走るインタビュアーを前に、加賀さんは軽く3回うなずいてからニコッと笑い、こう言いました。

「私はたくさんの映画に出演しましたが、『麻雀放浪記』は自分にとって特別な映画だし大好きな作品です。そして『麻雀放浪記』が大好きな人が、私は大好きなんです」

インタビューが終わって加賀さんが会場を去り、スタッフさんが撤収作業を始めましたが、僕はしばらくその場に立ち尽くしていました。

映画が好きで本当によかった。死ぬまで映画を観続けよう。そして、多くの方々に映画を紹介する仕事を続けよう。僕はそう心に誓いました。加賀さんからいただいた優しさにあふれたその言葉は、今も僕に魔法をかけ続けているのです。

トム・クルーズ「僕の予感は当たるんだ!」

●ハリウッドセレブの来日を聞きつけてテレビ番組の収録現場へ突入

話を盛る。これは実際の話を脚色したり誇張したりすることですが、タレントやお笑い芸人さんがメディアでエピソードトークを語る際に用いるある種の技術でもあり、一般の方々も悪気の有無は別にして、人生で何度か話を盛ったことがあるはずだ。

こんな書き出しをしたのには理由があります。トム・クルーズと僕が初めて会ったときの話をすると、必ず「盛っている」と言われるからです。心外ですが、それも理解できます。逆の立場なら、僕だって「盛っている」と疑うかもしれません。

事実は小説より奇なりといいますが、そんな不思議な出来事が起こったのです。

僕とトム・クルーズの奇妙でありながら一切盛っていない話を綴《つづ》ります。

「ナイト&デイ」（2010）は、ヒロインのジューン・ヘイヴンスがハンサムで理想的なロイ・ミラーと出会い親密になっていくのですが、ロイがじつは重要な任務を担っているスパイであることからジューンも事件に巻き込まれる物語で、ロイをトム・クルーズ、ジューンをキャメロン・ディアスが演じています。

公開当時、主役の2人はプロモーションのために来日し、日本テレビのバラエティ番組にゲスト出演することになり、同番組スタッフに知り合いがいた僕は、スタジオ見学をさせてもらうことになりました。

トム・クルーズはプロデューサーとして参加している作品も多いことから、プロモーションに最も精力的なハリウッドセレブとして知られていますが（興行収入に対してのインセンティブ契約の場合があるのも理由のひとつといわれている）、キャメロン・ディアスは、10代の頃に日本でモデルの仕事をしており、ホームシックになった等の体験から、日本によいイメージがないという噂がありました。

当日、観覧客の後ろから様子を見ていたところ、トム・クルーズのサービス精神もあり、番組収録は盛り上がって終了。キャメロンは颯爽とスタジオを出て行きましたが、トムは出演者1人ひとりと握手や言葉を交わし、観客にも挨拶をしてから、ゆっくりとスタジオの出口へと向かっていきます。

ハリウッドスターを一目見ようとスタジオの出口付近には50人ぐらいの関係者が駆けつけていて、僕はその集団の後方からトムの姿を目で追っていました。トムが関係者に手を振りながら去っていこうとしていたところ、少し遠くにいる僕と目が合いました。その直後、スタジオに集まった多くの関係者をゆっくりとかき分けて、トムが僕の目の前に立ち、笑顔で話しかけてきます。映画界トップのマネーメイキングスター。ハリウッドで最も力を持ったセレブリティ。そんな世界的大スターのトム・クルーズが、です。

「僕は日本が大好きなんだけど、君と会えて嬉しい。今日は素晴らしい日だ！」

トムとは初対面ですし、僕のことを知るはずもないので呆気にとられていると、

「君はこれから間違いなくキャリアアップするだろう。そして僕とまた会うことになる。その日が楽しみだ」

と言ってトムから握手を求めてきたのです。

●もしかして……トム・クルーズと知り合い？

状況が飲み込めずにいた僕は、英会話教室に通った成果を1ミリも発揮できず、

「……サンキュー」と答えてトムに右手を差し出し、握手をしました。

そして、トムは満足したかのような笑顔でスタジオを去っていったのです。

その様子を見て、近くにいた知り合いのスタッフは狐につままれたような顔で、

「もしかして……トム・クルーズと知り合い？」

と尋ねてくるので、僕は放心状態の中、「そんなわけないじゃないですか……」

と答えるのがやっとでした。


今でも、なぜトム・クルーズがスタジオ内の人混みをかき分けて僕の目の前に立って話しかけてきたのかわかりません。

ある人からは冗談混じりに、

「マシ・オカと間違えたのではないか？」

と言われました。マシ・オカはアメリカで2006年から放送され話題になった

ドラマシリーズ「HEROES／ヒーローズ」に出演していた俳優ですが、話の内容など状況から見て考えにくい推測です。

その2年後、運命の引き合わせなのか、トムの予言通り、僕は彼と再会します。**「アウトロー」**（2012）のプロモーションで来日したトムにインタビューする機会を得たからです。

レッドカーペットをゆっくり歩きながらファン対応していたトムが、僕に近づいてきました。目の前にきたので、前日に予習していた英語で話しかけます。

「じつはこうして話すのは2回目ですが、初めて会った時、あなたは僕と必ずもう一度会うことになると言っていました」

そう言うとトムはゆっくりとうなずきながら、

「その通りになっただろ？　僕の予感は当たるんだ！」

とサムズアップ（親指を立てるジェスチャー）しながら笑顔で答えたのでした。

チャーリー・シーン

キャリアハイを別世界でも更新するハリウッド俳優

●突然オファーされたロスでのアポなし取材

メジャーリーガーとして大活躍している大谷翔平選手は、多くの野球評論家も懐疑的であった投手兼打者の二刀流のスタイルで結果を出しています。

大谷選手の偉業を伝えるニュースを見ながら、僕は1人のハリウッドセレブと初めて会った時のことを思い出しました。

その人の名はチャーリー・シーン。

一時期はハリウッドを代表する若手俳優の1人として活躍したチャーリーの代表作のひとつが、メジャーリーグに実在する球団クリーブランド・インディアンズ（現クリーブランド・ガーディアンズ）を舞台にした**「メジャーリーグ」**（1989）というコメディ映画です。

ある日の午後、僕は日本テレビの番組出演のため、スタッフさんたちと会議室で打ち合わせをすることになりました。番組プロデューサーが口火を切ります。

「今回、日本や世界で活躍する偉人に迫ったゴールデン特番を考えているのですが、ダメ元でお騒がせのハリウッド俳優チャーリー・シーンにエージェントを通して出演を依頼したところ、正式に快諾してもらえました」

ハリウッドセレブが、映画の宣伝や自身が携わる商品などのプロモーション以外で日本のテレビ番組に出演するのは、めったにあることではありません。チャーリー・シーン側が出演を快諾するのは異例なことで、業界用語的には「大物をツモった」（幸運を引き当てた）ということなのですが、なぜか番組プロデューサーは険しい顔をしています。

「じつはひとつ条件を提示されまして……。それが大変言いにくいのですが、ギャランティーとして200万ドル用意しろということなんですね……」

そう言いながら番組プロデューサーは苦笑し、その場にいるスタッフさんも大きくため息をつきました。

「この額ですと当然、番組制作費を大きく上回りますし、現実的に無理なのですが、いまアメリカで話題のチャーリー・シーンには是非番組に出演してもらいたいんです。そこでコトブキさんに相談なんですが、チャーリー・シーンのスケジュールは把握しているので、スタッフとともにロサンゼルスへ行ってもらい、いわゆるアポなしでインタビューしてきてもらいたいのです」

チャーリー・シーンの父親は**「地獄の黙示録」**（1979）主演のマーティン・シーンで、兄はエミリオ・エステベス、妹はレネ・エステベスという、絵に描いたような役者一家です。幼い頃から父親の主演作品に出演していたチャーリーは、**「プラトーン」**（1986）、**「ウォール街」**（1987）、**「ヤングガン」**（1988）などの話題作に出演し、若手の注目俳優となりました。

その後、映画でキャリアのピークを迎えたチャーリーは、ハリウッドを干され、「お騒がせのハリウッド俳優」となります。番組プロデューサーが出演依頼しようとしたのも、当時、タブロイド紙ではマスコミに対しての攻撃的な言動や行動がパパラッチされていたからです。

番組プロデューサーからのオファーに対し、僕は「結果はどうなるか想像できませんが最大限努力します」と答えて、翌週、ロサンゼルスに向かいました。

●寒空のもと、羽織袴を着て4時間の出待ち

「モーリタニアン 黒塗りの記録」（２０２１）は、テロに関与した疑いでグアンタナモ収容所に収監されたモーリタニア人の青年スラヒと、彼を救うために奔走する弁護士ナンシーの姿を描いた、ジョディー・フォスター主演の法廷サスペンスですが、劇中で収容所に囚われたスラヒが弁護士ナンシーに質問される際、

「ゴシップを聞くのか？　チャーリー・シーンの話を聞かれるかと思ったよ」

と言って苦笑するシーンが出てきます。

アメリカのショウビズに詳しくない方からすれば、「チャーリー・シーン？　あぁ、昔、映画に出ていたよね」くらいの認識かもしれませんが、10年以上前から過激な私生活が耳目を集め、注目のセレブランキングでは当時、レディ・ガガを上回るポジションで全米のゴシップ誌を賑わせていたのです。

その頃、チャーリーはテレビドラマを中心に活躍していて、1話完結の30分ドラマ「チャーリー・シーンのハーパー★ボーイズ」は全米で大ヒットを記録。ギャランティーは1話出演で約1億3000万円まで跳ね上がり、俳優としてのレギュラ

ーテレビ出演の報酬はトップだったといいます。
しかし、チャーリーのスタッフに対する暴言をはじめとする行動が訴訟問題に発展し降板。私生活では麻薬に溺れ、ホテルで発砲事件を起こし、アルコールやセックスの依存症になるなど、お騒がせセレブとして有名になっていました。

ロサンゼルス空港に到着し、日本から前乗りしていた番組スタッフ、そして、今回のロケで、現場のコーディネーター兼出演もしてくれたアメリカ在住の映画評論家として大活躍している町山智浩さん（町山さんの著書『〈映画の見方〉がわかる本　ブレードランナーの未来世紀』〈新潮社〉もおすすめです）と合流。いざチャーリーがトークライブを行うロサンゼルスのホールに向かいました。

遠目からでも日本人だとわかるように、僕は羽織袴に着替えてチャーリーの話を聞き、ライブが終わったら会場の出入口で彼が出てくるのを待ち、アポなしで突撃する――というのが僕たちの狙いでした。

チャーリーのトークショーは、じつに独特の構成でした。彼が前日のメジャーリーグの結果についてひたすら文句を言い、そのうち客席からブーイングが飛ぶと、チャーリーが客に近寄り、そこでなぜか客はチャーリーにチップを渡して、彼と握手できるという、「おひねりショー」のような構成なのです。

それが1時間ほど続いてトークショーが無事終了。僕はチャーリーが会場から出てくるところを突撃取材するため、会場の出入口へ向かいました。

1時間、そして2時間が経過。チャーリーは一向に会場から出てきません。関係者らしき人に状況を聞くと、「高額チケットの購入者に個別でファンサービスしている」とのことでした。

外気温は約10度。防寒性に乏しい羽織袴で寒さが体にこたえる中、僕はひたすら待ち続けました。

出待ちをはじめてからもうすぐ4時間になろうとした頃、会場の地下駐車場出口からボディガードが数人現れ、さらにその後ろからチャーリーの姿が見えます。この千載一遇の好機を逃すまいと大声で彼に呼びかけると、チャーリーはこちらに向かって歩いてきてくれました。

「日本から来た映画を紹介する仕事をしているコトブキツカサという者です。日本人にメッセージをお願いします」と伝えると、彼はこう答えてくれました。

「日本は大好きな国。また京都に行きたい。震災（注：東日本大震災）で被害に遭われた方々にライブの収益金の一部を寄付する」

僕が差し出したボードにサインをすると、チャーリーは車で去っていきました。

無理かもしれないと思っていたアポなしの取材が無事終了して感動していると、

「ヨッシャー。200万ドル浮いたー！」

カメラを回していた興奮状態のディレクターが大声で叫んでいます。その後、インタビューの様子は、番組の目玉のひとつとして無事放送されるに至りました。

●リッキーが投げる剛速球の行方

どんな仕事をする人にも、自身最高のひとときともいえる「キャリアハイ」のタイミングがあると思います。

かつてチャーリーは、間違いなくハリウッドで光り輝く俳優の1人でした。

そして今、彼は別の世界で存在感を発揮し、二度目のキャリアハイを迎えようとしているのかもしれません。

映画「メジャーリーグ」でチャーリーが演じた投手・リッキーの投球がどこへ向かうのか、僕は見届けようと思っています。

渡辺 謙

国境を超える活躍の背景にある人間力

●アップダウンの激しい道のりを経て孤高の境地へ

国内にとどまらず世界で活躍している日本人の俳優はたくさんいますが、現役の俳優として世界で最も有名で、数多くのハリウッド作品にも出演している人物といえば、渡辺謙さんを思い浮かべる人が多いのではないでしょうか。

新潟で生まれた渡辺謙さんは、学生時代から吹奏楽部でトランペットを嗜んでいたこともあり、もともとは音楽大学への入学を希望していました。

しかし、学費の問題などで断念。その後、演劇集団「円」の舞台を観劇して心を奪われ、同劇団の研究員となります。

舞台出演で頭角を現した後、**「瀬戸内少年野球団」**（１９８４）で映画デビューを果たし、伊丹十三監督の**「タンポポ」**（１９８５）にも参加。

ＮＨＫ連続テレビ小説「はね駒」出演、ＮＨＫ大河ドラマ「独眼竜政宗」主演と、日本を代表する役者として確固たる地位を築きました。

順調に思えた謙さんのキャリアですが、映画初主演予定だった**「天と地と」**（１９９０）の撮影中に急性骨髄性白血病が発覚し、すべての仕事から降板。闘病後、治療を続けながら役者として復活しますが、再び発病してしまうのです。

病気を完治して役者の世界に戻ってきた謙さんの分岐点となったのが、アメリカ映画**「ラスト　サムライ」**（２００３）。本作出演で第76回アカデミー賞助演男優賞にノミネートされ、世界的スターの一員となりました。

●「そうそう忘れものをしたんだよ」と戻って来た謙さん

１９７８年から毎年春に行われる日本アカデミー賞は、日本アカデミー賞協会が主催し、アメリカ映画芸術科学アカデミー（AMPAS）から許諾を得て発足した45年以上の歴史を持つ映画賞です。

授賞式の様子は毎年、日本テレビ系で地上波放送されますが、この日、僕は授賞式の現場で渡辺謙さんにインタビューすることになりました。

授賞会場のそばに設営されたインタビューブースで待機していると、大勢のスタッフに囲まれながら謙さんが目の前にやってきました。

インタビューできる時間は正味5分。この限られた時間の中で、ハリウッドの撮影現場や次回作の話などを質問。謙さんはユーモアを交えながら、淀みなく答えてくださり、その姿はハリウッドセレブそのものでした。

持ち時間の5分はあっという間で、関係者に促されながら謙さんは足早にブースから去っていきました。

「謙さん、かなり話してくれましたね」

興奮冷めやらぬスタッフさんの言葉に、僕も限られた時間の中での大仕事を無事に終えることができた高揚感を抑えられずにいました。

すると遠くから人の集団がこちらに向かってきました。なんと謙さんが再び僕たちが待機しているインタビューブースに戻ってきたのです。

番組ディレクターさんが、「何かお忘れものですか？」と聞くと、謙さんが笑いながら、

「そうそう忘れものをしたんだよ」

と言いながら、僕の目の前に立って右手を差し出します。

「コトブキさんとの**握手を忘れた**んだよ」

僕が驚きながら握手すると、謙さんがギュッと力強く僕の右手を握りしめ、

「楽しかったです。またどこかで」

そう言って再び去っていきました。

アメリカ・ハリウッドでは、「人格者」でないと俳優として仕事が続かないといわれています。日本よりも、そこは厳格かもしれません。

僕との握手をするためだけに、わざわざインタビューブースに戻ってきた謙さん。役者としての活躍の場が、日本、アメリカ、イギリスと、広がりを見せているのも無理からぬことです。これからどんな作品に出演されるのか楽しみですし、国際的な活動も引き続き応援したいと思います。

トミー・リー・ジョーンズ

マスコミ嫌いの親日家とのほろ苦い思い出

●若い頃から強面のルックス。活躍し始めたのは40代になってから

缶コーヒーのCMの影響で「謎の多いコミカルなおじさん」という印象も強いトミー・リー・ジョーンズは、若い頃から強面のルックスで、役者としての下積みが長く、役に恵まれませんでした。

彼の人生を変えた作品は40代後半の頃に出演したハリソン・フォード主演の**「逃亡者」**（1993）。キンブル医師を追い続ける捜査官役を演じ、アカデミー賞助演男優賞を受賞しました。

その後、**「ナチュラル・ボーン・キラーズ」**（1994）や**「バットマン フォーエヴァー」**（1995）などに出演したのちに、大ヒット映画**「メン・イン・ブラック」**

（1997）のK役で、その存在を多くの人に知られるようになります。

トミーが出演する**「終戦のエンペラー」**（2012）のプロモーションで来日することが決定し、僕は当時レギュラー出演していたテレビ番組を代表してインタビューすることになりました。

ハリウッドセレブに直接インタビューできるのは幸運なことで、経験として有意義なのですが、今回の仕事には大きな不安を抱いていました。

なぜならトミーは大のマスコミ嫌いで、プロモーションに非協力的という噂があったからです。実際に、以前、アメリカのトークショーにプロモーションで出演した際の仏頂面の映像を見たことがあったのです。

また、世界規模で公開される映画は、「プロモーション・ツアー」を組んで、監督や俳優が各国の観客や映画関係者に映画を宣伝するケースがありますが、トミーの場合は、出演作品のワールド・プロモーションに参加しないことが多く、**「メン・イン・ブラック3」**（2012）のプロモーション・ツアーでは唯一、日本だけに参加していました（トミーはプライベートの旅行に夫婦で日本へ来るような大の親日家として知られている）。

●会場に響き渡るトミーのひと言で意気消沈

インタビュー当日、東京国際フォーラムのイベントスペースには大勢のマスコミが集まり、レッドカーペット脇にも人が詰めかけていました。

そんな中、各メディアの取材陣に先駆けて、僕がトップバッターとしてトミーに話を聞くことになりました。

会場で緊張しながら待機していると、奥のほうからスタッフに囲まれたトミーが現れ、僕たちのカメラの前に立ち、いよいよインタビューがスタートしました。

日本の文化や歴史、そして京都が好きであることなど、こちらが想像していたよりもトミーは饒舌にいろいろ話してくれました。「心配は杞憂に終わるのかもしれない」と、このときまでは思ったのですが……。

トミーのなめらかな語りぶりから、機嫌がよさそうに感じたこともあり、僕は最後に、「○○をご覧の皆さん」といった番組名を語った上での視聴者へのメッセージをお願いすることにしました。

すると、通訳さんからその内容を聞いたトミーの顔が一瞬で硬直していくのがわかりました。次の瞬間、僕に向かって会場に響き渡るほどの大声で、

「NO!」

と言って、そのまま楽屋に戻ってしまったのです。

僕が呆然とする中、2番目以降に控えるメディア関係者からの舌打ちも聞こえてきます。自分が余計なことをしてハリウッドセレブを怒らせてしまった反省と、他のメディアの方々に対する申し訳ない思いで、その場から逃げ去りたい気持ちになりました。

幸いなことに数分後、再び会場にトミーが現れ、2番目以降のインタビューが通常通り行われたので心の底から安堵しましたが……。

トミー・リー・ジョーンズとの追憶はかなり苦々しいものですが、ネガティブな噂を直接目のあたりにして、仕事の進め方を見つめ直すきっかけにもなり、僕にとっては貴重な経験をさせてもらえたと思います。

堤 幸彦
ロードムービーのような人生を歩む映画少年

●商業的成功を得る一方で、作品に対するバッシングを受けることも

ある日、ウェブページをあれこれ閲覧していたら「堤幸彦監督はオワコン！」というセンセーショナルな見出しが目に入ってきました。

誰がそんなことを断じているのか気になって記事を読み進めていると、当の本人がインタビューで自分を「オワコン」と語っていたのです。

堤監督は「コラーッ！ とんねるず」(日本テレビ)などのバラエティ番組のテレビディレクターを経て、CMやMVの演出家として活動した後、テレビ界の仕掛け人として業界で名を馳せていた秋元康氏とともに制作会社「SOLD OUT」を設立。

時代の波に乗り順風満帆なキャリアを積んでいましたが、秋元氏が詞を提供していたグループのアイドルと結婚したことが業界内で物議を醸して、その後堤監督も秋元氏らとニューヨークへ移り住みます。

映画監督志望だった堤監督は、ニューヨーク滞在中に、日本の前衛芸術家で故ジョン・レノン夫人であるオノ・ヨーコ出演の映画「HOMELESS」（ホームレス／1991）を監督。同作品が堤監督にとっての長編映画1作目となります。

その後、日本に戻った堤幸彦監督は「金田一少年の事件簿」「ケイゾク」「池袋ウエストゲートパーク」「TRICK」「SPEC」といった話題のテレビドラマの監督として時の人となり、映画界にも本格的に進出します。

テレビドラマの劇場版も軒並みヒットし、商業映画監督として日本のトップに立った堤監督でしたが、作品そのものの評価となると正直、芳しくありませんでした。その点においての自己評価が冒頭の「堤幸彦はオワコン」発言に繋がるのです。

堤監督の評価の分かれ目となった作品のひとつは「BECK」（2010）でしょう。ハロルド作石氏の同名漫画を映画化した本作は、監督自身が元バンドマンだったこともあり、原作への思い入れが深かったといいます。ファンから賛否両論の声があがったのが、歌唱やフェスのシーンはあえて音を流さない「歌声のない歌」の演出です。この演出に関する経緯は諸説あって、実際は原作のハロルド作石氏からそうしてほしい旨の要望があり、堤監督も「それはそれで面白い」と快諾した説が濃厚です。

冒頭で述べたオワコン発言は、辛辣なネットユーザーの声を見聞きしたことで、クリエーターとしての自信をより失ってしまった時期だったのかもしれません。

●堤監督の旅は終わらない

「イニシエーション・ラブ」（2015）のプロモーションの一環で、僕は堤監督にインタビューできることになりました。

「イニシエーション・ラブ」は、2004年に刊行された乾くるみ氏の人気小説を映像化したもので、乾くるみ氏の地元である静岡が舞台の恋愛ミステリー小説です（ちなみに僕も静岡県出身です）。物語の構造上、映像化は不可能といわれていましたが、制作・公開されると大きな話題となりました。

余談ですが、原作を読了した僕と事務所の先輩であるくりぃむしちゅーの有田哲平さんとで物語上の疑問点を答え合わせして盛り上がり、その後、日本テレビ系列「しゃべくり007」で有田さんが「最高傑作のミステリー」と紹介したところ、放送後1か月で20万部以上が増刷され、同小説はミリオンセラーとなりました。

インタビューには、堤監督のほか、主演の松田翔太氏と前田敦子氏も同席し、この様子はテレビ番組で放送する予定になっていました。

スタジオのカメラ前で僕が待機していると、映画関係者とともに3人がやってきたので挨拶を済ませ、収録がスタート。松田さんと前田さんは撮影現場の様子をさまざまなエピソードを交えて披露してくださり、オフの日にカラオケに行き、松田翔太さんの父親で音楽活動でも定評があった名優・松田優作さんの歌を披露した話など、番組スタッフが喜ぶようなコメントも頂戴し、インタビューは大いに盛り上がりました。

堤監督からも、映像化不可能とまでいわれていた同作品を映像化する際の苦労話などを聞くことができ、インタビューは滞りなく終了しました。

撮影がすべて終わり、3人が立ち去ろうとする中、意を決して僕は堤監督に話しかけました。

「長編映画1作目の『HOMELESS』を監督してからたくさんの映画やテレビドラマを撮ってこられましたが、2012年公開の『MY HOUSE』を撮られた時、監督は『自分は新人監督のつもりだ』とおっしゃっていました。あの時はどんな心境だったのですか?」

「あぁ……。あれは今までたくさんの映画やドラマを撮ってきたけど、視聴者の反応を考える前に、自分の思いをぶつけたのが『MY HOUSE』だったのね。だから思い入れが強かったのかも……」

「奇しくも『HOMELESS』そして『MY HOUSE』は、家と家族がテーマですが、この共通点は?」

そう僕が聞くと、堤監督の目つきが変わり、スイッチが押されたかのように熱く話し始めました。

「とても大事なことを聞いてくれてありがとうございます。個人的に家族が描きたいのね。それは変わらないんだ。でも、与えられたミッションをクリアするのも大事なことで……。ただ、僕もいい歳だから、映画に対する向き合い方を考えてもいるのね」

このインタビューの後に控えているスケジュールや、その場にいた映画関係者など周囲の目を気にせずに話し出した堤監督の表情は、映画好き少年のそれであり、松田氏・前田氏は監督が熱く話している中、楽屋に戻っていいのか戸惑っている様子でした。

僕が新作の映画と直接関係のない話を聞いたことを詫びると、

「いや、そんなことないです。**映画ファンの方々からの反応はなんとなく感じています。あと何本撮れるかわからないけど、自分の方向性を定めたいと思っていたのもあり、『MY HOUSE』のプロモーション時に『新人監督です』と言ったのだと思います**」

2022年に公開された「truth〜姦しき弔いの果て〜」は、堤監督の50本目の作品であり自主制作映画です。時代は変わり映画を撮りたくても実現できない監督はたくさんいますが、大監督と呼ばれるようになってもなお、堤監督は今も模索しています。僕はあの映画好きの少年のような監督の目が忘れられません。

堤幸彦監督はオワコンなのか？　彼の映画の旅はまだ途中であり、大局的な評価は歴史が証明するのです。

細田守

ハレの場での一期一会

●ハリウッドで細田監督と遭遇

第94回アカデミー賞は、アメリカ・フランス・カナダ合作の映画、**「コーダ あいのうた」**（2021）が最優秀作品賞に輝きました。

この年は濱口竜介監督の**「ドライブ・マイ・カー」**（2021）が作品賞を含む4部門にノミネートされ国際長編映画賞を受賞（作品賞ノミネートは日本映画としては初）するなど、見どころが非常に多い授賞式でしたから、記憶に残っている読者の方も多いのではないでしょうか。

余談ですが、授賞式では、最も稼げる黒人ハリウッドスターとして知られるウィル・スミスが、プレゼンターを務めたコメディアンのクリス・ロックをステージ上で平手打ちする事件が起こり、賞レースとは別の話題でも注目されました。

新型コロナウイルス感染症が猛威を振るう前、僕は3年連続でアカデミー賞を取材するためにアメリカ・ハリウッドに行っていました。

２０２１年はコロナ禍の影響もあり渡米を諦め、YouTubeで配信している「コトブキエンタメ同好会」の中で、東京から授賞式の様子を見ながら生実況・生配信をしたのですが、授賞式の華やかな模様を見ていると、ハリウッドで体験したある思い出が鮮明に蘇ってきました。

２０１９年2月、僕は第91回アカデミー賞を取材するため、ロサンゼルスへ。授賞式前日にアカデミー賞を運営している映画芸術科学アカデミー（AMPAS）の本部に行き、映画のシンポジウムに参加するため、会場付近で時間を潰していました。

すると前方から日本人らしき人たちが4名ほど歩いてきました。よく見ると、中央にいたのは世界的アニメクリエーターの細田守監督。**「未来のミライ」**（２０１８）がアカデミー賞長編アニメーション部門でノミネートされていたのです。

●平時のルールが破られる、それがハレの場

細田監督とは面識がありませんでしたが、この場で偶然お会いできたのも一期一会。ご挨拶とともにインタビューを試みることに。細田監督は気さくに対応してくださり、作品への思いやアカデミー賞授賞式にのぞむ気持ちを聞かせてくれました。

ハレ（非日常）とケ（日常）。古来より日本では、お祭りを行う日を「ハレ」、普段どおりの日を「ケ」として使い分ける文化があります。アカデミー賞は世界最大クラスの映画の祭典。お祭りだからこそ、平時のルールが破られることもあります。細田監督に国内でインタビューしようとすれば、それ相応の段取りが必要になったはずです。でも、ここはアカデミー賞授賞式の現場、すなわち「ハレ」の場です。

たくさんの映画人にお会いしてインタビューしてきましたが、アメリカ・ロサンゼルスで偶然遭遇した細田守監督とのサプライズ取材は、僕の大切な思い出。アカデミー賞の時期になると、ふと頭をよぎる「ハレ」の日の追憶なのです。

レオナルド・ディカプリオ

インタビューのお相手は俳優ではなく環境保護活動家

●「オスカーを受賞したいならパーティーボーイを卒業するべきだ」

これまでたくさんのハリウッドセレブや日本人俳優・監督にインタビューしてきました。その中で、「最も会話が盛り上がらずスイングしなかった映画人は誰だったか？」と聞かれたら、僕は迷うことなく**「タイタニック」**（1997）への出演を経て世界的なアイコンとなったレオナルド・ディカプリオだと答えます。

子どもの頃からコマーシャルやテレビドラマに出演していたレオナルド・ディカプリオは、十代後半の頃に**「ギルバート・グレイプ」**（1993）でアカデミー賞助演男優賞にノミネートされ、その後**「ロミオ＋ジュリエット」**（1996）でさまざまな映画賞を受賞し、俳優としての地位を築きました。

さらに、「タイタニック」の世界的大ヒットで完全なブレイクスルーを体現。以降、数々の話題作に出演しますが、本人が強く望んでいたオスカー（＝アカデミー賞受賞）を手にすることはできずにいました（アカデミー賞の主要部門を含む14部門にノミネートされ11部門で受賞した「タイタニック」においても、ディカプリオはノミネートすらされませんでした）。

ディカプリオとの共演も多い俳優のジョージ・クルーニーは、記者から、「なぜディカプリオはオスカーに手が届かないのか？」と質問された際、「レオがオスカーを受賞したいならパーティーボーイを卒業するべきだ」と笑いながら答えています。

これはディカプリオがプライベートで足繁くハリウッドのナイトパーティーに参加してブロンド・モデルの女性たちとの浮名を流し、幾度となくタブロイド紙を賑わせたことなどから、業界内での評判がすこぶる悪かったことを示唆しています。

アカデミー賞は映画業界で卓越した実績を挙げた映画芸術科学アカデミー（AMPAS）会員の投票によって決まります。オスカー像を手にしたいなら、演技力だけでなく、投票にはパブリックイメージも大きく影響することを押さえておかなければならないのです。

自分の制作会社を立ち上げ、巨匠マーティン・スコセッシなどの大物監督と組んで多くのヒット作に出演したディカプリオですが、その後もオスカーにノミネートはされるものの受賞を逃し続けていました。

彼はある時期から積極的にエコロジー活動に勤しむようになります。共演者にはハイブリッドカー（日本製のプリウス）をプレゼントし、環境保護団体「レオナルド・ディカプリオ財団」を設立の上、世界の主要団体に寄付をするなど、社会活動に積極的に取り組んで好感度を上げるようになっていきます。

そしてついに**「レヴェナント」**（2015）でアカデミー賞最優秀主演男優賞受賞に至ります。

野生動物の保護など熱心な環境保護主義者であるとともにベジタリアンを公言しているディカプリオが、バイソン（牛）の生肉を頬張り嘔吐する姿もさらけ出すなど、俳優として役を全うする姿に、AMPAS会員は彼の気概を感じ取ったのかもしれません。

●社会活動に積極的なのは悪いことではないが……

2015年3月、「レヴェナント」のプロモーション（ジャパンプレミア）でディカプリオの来日が決定し、僕はLINEの生配信番組MCとして彼にインタビューすることになりました。

インタビュー会場である六本木ヒルズは、通常の映画プレミアに比べて、より華やかに装飾されています。映画関係者や集まったファンが高揚している様子から、ハリウッドのAクラスセレブであるディカプリオの偉大さを痛感しました。

番組のディレクターさん、レポーター役の元SKE48の山内鈴蘭さん、僕の三者で軽く打ち合わせを済ませ、レッドカーペット前で本人を待っていると、1人のやや高齢の外国人女性が奥のほうからカーペットを歩いてきます。ディカプリオの母親であるイルメリンでした。

イルメリンはディカプリオが生まれてすぐに離婚し、女手ひとつで彼を育ててきました。そんな母親を溺愛するディカプリオは、アカデミー賞はもちろん、その他の映画祭などでも母親と出席することが常で、今回もイルメリンは彼とともに来日していたのです。

LINEライブの生配信中だったので、僕は彼女に大きな声をかけてインタビューしようとしましたが、その声で周りにいたマスコミが彼女がディカプリオの母親だと気づいてしまい、一斉にカメラを向けたので、彼女は恥ずかしがって奥に逃げてしまいました。

いよいよディカプリオがレッド・カーペットを歩いてきました。

まずは、レポーターの山内さんがLINEのマスコットキャラクターのぬいぐるみを彼にプレゼントすると、彼は笑顔で受け取り、上機嫌で写真撮影にも応じてくれました。

続いて僕がディカプリオに質問をする番です。ところが、先ほどの上機嫌は影を潜め、彼は僕の質問にはほとんど答えず、地球温暖化などの環境問題に対する自論を延々と話し続けます。

日本人スタッフさん全員の表情が一瞬にして変わっていきます。

このままではいけないと思った僕は、ディカプリオの話の隙を突き、「プリウスは環境に配慮した車ですが、映画の共演者などにプリウスをプレゼントされておられると聞きましたが？」と質問すると、映画についてはほとんど答えなかったディカプリオが、

「そうだ。プリウスは最高さ！」

とカメラ目線でサムズアップ（親指を立てるポーズ）をし、彼は僕たちの前を去っていったのです。

ディレクターさんは苦笑いしながら、「難しいインタビューでしたよね……。でも、最後にレオ様からカメラ目線のサムズアップをもらえて良かったです」と言われたのが僕にとってのせめてもの救いでした。

ディカプリオへのインタビューは、事前に用意した質問をすることがほとんどできず、歯痒さが払拭できない僕の残念な思い出となっています。

ジョニー・ノックスビル

破天荒を凌駕する破天荒に直面すると人は変わる

●ヤクルトスワローズのユニホームを着て「こんにちは」

ジョニー・ノックスビルと聞いて即座に顔が浮かばない読者もいると思いますが、アメリカの人気バラエティ番組で映画化もされている「ジャッカス」シリーズのMCと聞けば思い出す方も多いのではないでしょうか。

jackass（ジャッカス）には「バカ、まぬけ」といった意味がありますが、このバラエティ番組は、子どもがいたずらでするようなことを大人が振り切ってやる点が受けており、Netflixでもシリーズの一部が配信されています。

ジョニー・ノックスビルは同番組で命知らずの破天荒ぶりが受けており、今やアメリカだけでなく世界的なセレブリティです。

ジョニーは俳優を目指し、生まれ育ったテネシー州からカリフォルニア州に移り住んでCMなどにエキストラ出演しながらキャリアを積んできました。

しかし、俳優の仕事に恵まれず、雑誌などに寄稿するライター業とともに、「自己防衛装置を自ら試す」という謎のパフォーマンスを実践。その誰にも真似できないスタントで人気を博し、ついにMTVのバラエティ番組「ジャッカス」へのレギュラー出演が決定します。

その後、**「メン・イン・ブラック2」**（2002）、**「ミュータント・タートルズ」**（2014）、**「エージェント・スミス」**（2019）など、数多くの映画に出演するようになりました。

ジョニー・ノックスビルが来日してトークショーをやることになり、僕はMCとして、その催しに参加することになりました。

会場で待機していると、数人のスタッフとともにジョニーが登場。僕は英語で彼に挨拶すると、彼が「こんにちは」と返してきたので驚くと、彼の横にいたスタッフが、「彼の妻は日系だから日本語も少しだけ話せるんだ」と伝えてきました（真相は不明）。

なぜかヤクルトスワローズのユニホームを着たジョニーは終始ご機嫌で、イベントが始まる前からビールを飲みながらスタッフと騒ぎ出し、ジャッカスの番組のノリそのままでした。

●サプライズゲストの登場で会場はカオス状態に

イベントが始まり僕がジョニーを呼び込むと、超満員の会場にいる観客が一気にヒートアップし、当のジョニーもアルコールが入っていることもあってハイテンションのままファンイベントがスタート。これまでのキャリアや「ジャッカス」シリーズへの思いなど、僕が質問したことにジョニーは上機嫌で答えてくれたので、イベントは大変盛り上がりました。

このままイベントを終了したとしても、その場にいる人たちは満足だったと思いますが、じつはジョニーと観客には内緒で、主催者側がスペシャルゲストを仕込んでいました。

僕が時間を見計らって、「さぁ皆さん、大変盛り上がっていますが、ここでスペシャルゲストの登場です！」と告げると、客席から大歓声が沸き起こりました。

「それでは登場してもらいましょう。スペシャルゲストの内田裕也さんです！」

僕がゲストの名前を呼ぶと、観客は歓声を上げつつ、「なぜ内田裕也さんが？」という表情の人もかなりいて、会場はカオス状態になってしまいました。

裕也さんはジョニーに花束を渡し、マイクを手に取って、観客に話し始めました。

「ジョニー・ノックスビルといえば、アメリカを代表するコメディアンとして活躍してますが、僕もアメリカに何度も行ってライブもしていて、そのライブにはオノ・ヨーコも来てましたね。僕とオノ・ヨーコの出会いは……」

裕也さんは自身のアメリカでの思い出をとうとうと話し始めました。

僕がスタッフさんから聞いていた進行スケジュールは、イベント終盤で花束を持ったスペシャルゲストが登場し、「一言」コメントをもらってから、その場にいる全員で集合写真を撮ってイベント終了になる流れで、登場から終了まで5分程度の予定でした。しかし、裕也さんの話は30分ほど続いたのです。

MCとしてカットインすることも試みようとしましたが、裕也さんの話を遮ることとは無謀に近く、終了後にスタッフさんから注意されることを承知で、僕は裕也さんが気持ちよく話を終えるまで横槍を入れないことを選択しました。

気がかりだったのは主役であるジョニーの反応です。自分のトークライブでゲストに長々と話されたら不快ではないか。ましてや全世界に知れ渡る破天荒なコメディアンのジョニーが機嫌を損ね、ステージを降りてしまうのではないか……。

僕は心配になりジョニーのほうに目をやると、驚くべきことに先ほどまでテンション高く観客をあおり、**ステージを飛び跳ねながらトークしていたジョニーが、裕也さんの話を直立不動で時折うなずきながら聞き入っている**のです。おそらく裕也さんの圧倒的オーラに、ジョニーも直感として服従を選択したのだと思います。

終了時刻が30分オーバーしたことをジョニーはどう感じたかわかりませんが、裕也さんはご満悦で、「今日のイベントと君のMCは最高だ！　またやろう」と言われ、僕はその数か月後に裕也さんのイベントにMCとして呼ばれた次第です。

あのジャッカスシリーズでおなじみの破天荒コメディアン、ジョニー・ノックスビルが、暴走気味の内田裕也さんを前に意外な一面を見せていたこと――、今となってはこの光景を見られたことが得難い経験だと感じています。

北野　武
〝毒ガス口撃〟の中にある粋な気遣い

●あえて最年少の俳優さんを中心にインタビューを決行

1981年、元日から始まった「ビートたけしのオールナイトニッポン（ANN）」（ニッポン放送）に影響を受けた芸人やクリエーターは少なくありません。

僕はもともとラジオ好きで、番組によっては投稿したハガキが読まれたり電話出演したりしていましたが、ビートたけしのANNはほとんど聞かずに過ごしました。今50歳の僕の世代として、1985年に始まった「とんねるずのオールナイトニッポン」のほうが身近な存在だったからかもしれません。

ただ、たけしさんが出演するテレビはほとんど見ていましたし、この業界に足を踏み入れてからはいつかお会いしたい、あわよくば共演したいと夢想していましたから、2015年に初めてたけしさんと会えたときを忘れることはできません。
北野武監督が主要キャスト陣の平均年齢72歳で挑んだ**「龍三と七人の子分たち」**（2015）のプロモーションで、監督をはじめとする映画関係者が各局のテレビ番組に出演する中、僕が当時レギュラー出演していたTBS系列の情報番組「ビビット」の代表としてインタビューすることになったのです。

インタビュー会場に着くと、各局の撮影時間が細かく設定されていました。待合室で番組ディレクターさんと打ち合わせを済ませ、ついに僕たちのクルーの番に。出演者である藤竜也さん、近藤正臣さん、中尾彬さん、安田顕さん。そして北野武監督が現れ、早速収録が始まりました。

北野武監督作品の場合、各局の番組サイドやインタビュアーは、基本的に北野監督を中心に話を聞きたい傾向があるため、監督はこれまで同じ質問を何度もされているはず。そう思い、僕はあえて最年少の安田顕さん中心に話を聞き始めました。するとと、「安田さんの発言に皆がツッコむ」という図式が自然とできあがり、インタビューが和やかに進んでいきました。

さらに、僕が北野監督に昔から聞きたかった、「俳優は素材で編集は料理」という理論や、役者のアドリブ話まで、かなり深い話も聞くことができたのです。

インタビューの途中で、監督の「毒ガス」（ビートたけしさんはお笑いコンビ「ツービート」での「毒ガス漫才」で広くお茶の間で知られるようになりました）の放出もありながら収録は無事終了。

現場のディレクターからは、「想定の数十倍良いインタビューが撮れました！ありがとうございます」と興奮気味に言われ、僕もホッとしました。

●ディレクターが涙を流した理由

しかし、ディレクターのもとへ、当時、北野監督が所属していた事務所「オフィス北野」の映画担当の方がやってきて、何やら話し込み始めました。しばらくするとディレクターはオフィス北野の方と奥へと消えてしまいました。

この時の僕は良い想像ができませんでした。北野監督中心でインタビューしなかったことへのクレームだろうか、僕が余計な話をしたことでお叱りを受けているのかもしれない……。

そんな想像が頭をよぎって緊張していると、ディレクターがやや重い足取りで戻ってきました。ディレクターの顔を見ると、驚くことに泣いています。

「さっきのインタビューのことで何か問題がありましたか？　怒られましたか？」と聞くと、ディレクターは首を振り、「違うんです。いろいろと話した結果、すべてそのまま使っていいよと言われて……」と涙ぐみながら答えます。

北野監督のインタビューでは、その自由度の高い発言が、時としてそのまま放送できないことがあり、収録後にスタッフさんと事務所の方々が、問題になりそうな発言をカットするかどうか話し合いをすることがあります。

今回も、北野監督が某大物俳優さんの裏話をユーモアを交えて話していたので、ディレクターは編集でカットしようと思っていたようです。

ところが、現場が盛り上がったことや、その俳優さんの批判ではなく面白トークとして成立していたということから、事務所側の異例の判断として**「今回は北野監督の全発言を放送してもいい」**と申し出があったようでした。映画好きで北野作品フリークのディレクターは、この珍しい事態に感激の嬉し涙を流していたのです。

●「望外の喜び」とはこんな瞬間だと実感

その数か月後、フジテレビ系列のバラエティ番組「オモクリ監督」からオファーをいただき、レギュラー出演していた北野監督と再びご一緒する機会を得ました。

この番組は芸能人が監督となってショートムービーを撮影し、審査員がジャッジするという内容で、北野監督は審査委員長、僕は審査員という立ち位置でした。

この日の収録では北野監督のショートムービーも放送する回だったので、映画中毒の僕からすれば役得だと感慨に耽っている中、最後にＭＯＶ（最も面白いＶＴＲ）を決定することになりました。

当日の審査員はオダギリジョーさんとローラさんと僕の３人でしたが、北野審査委員長は隣に座っていたオダギリさんやローラさんにではなく、身を乗り出しながら僕に向かって「**兄ちゃん、どう思う？**」と聞いてきました。映画を紹介したり批評したりしている僕に配慮してくれた北野監督のさりげない気配りを一生忘れることができません。

北野武監督との映画にまつわるエピソードは、僕にとって宝物でしかありません。

おわりに　劇場の暗闇にいるからこそ感じる眩しさがある

●あの映画と重なる僕の半生

子どもの頃に住んでいた家には自分の部屋がなく、両親は共働きで友達も少なかった僕の大切な〝居場所〟は、地元の小さな映画館でした。

薄暗い館内に入り、少し硬めの座席に身を沈めて、乾いた空気を吸い込みながら上映を待つ――。あの緊張と期待が入り交じった感情を、僕は今でも忘れることができません。

映画館に足繁く通っていると、次第に劇場で働くおじさんと仲良くなり、貰ったお菓子を食べながら、一丁前に作品の感想を伝えたりしていると、「他の子には内緒だよ」と映写機を見せてもらうようになりました。

その時間はかけがえのないもので、職人気質のおじさんと一緒にいると、少しだけ自分が大人になった気がしたものです。

年月が過ぎ、紆余曲折を経て、僕は映画を紹介する仕事に就きました。

「ニュー・シネマ・パラダイス」（1988）の主人公トトは、子どもの頃から映画館にある映写室に何度も出入りするようになり、スクリーンに映し出される映像に魅了され、大人になると映画業界で働くようになるのですが、そんなトトの人生と自分の人生を勝手にシンクロさせてしまいます。

この原稿を書きながら、僕の脳内では、エンニオ・モリコーネの名曲が駆け巡っているのです。

●劇場だからこそ眩しさを感じられる

成長から成熟のフェーズへ入った今の日本では、さまざまな業界が厳しい戦いを強いられていて、映画産業も例外ではありません。

映画界を取り巻く環境も激変しています。スマホやパソコン、家庭用モニターを介して映画を鑑賞する人が増えました。

上映時間に自分のスケジュールを合わせて劇場まで向かい、2000円を投資する行為はタイパ（タイムパフォーマンス）やコスパ（コストパフォーマンス）が悪いと感じる人も多くなっているのかもしれません。

僕も、映画鑑賞ができる動画配信サービスのサブスクリプションに多数加入していますし、スマホやパソコン等で映画を観ることは当然あります。

しかし、**劇場で観る映画は、やはり格別なものです。**

劇場の暗闇――。あの暗闇の中に身を置くからこそ、深く感じることができる眩しさのようなもの。劇場でないと味わえない至福のひととき。

子どもの頃に地元の映画館で感じた、あのワクワクした気持ちを、僕は今も追い求めているのかもしれません。

そして、これからも追い求め続けるのでしょう。

本書を読んで、

「映画を観よう！」

「劇場へ行こう！」

と読者の方が思ってくださったのなら、映画中毒の僕にとって、これ以上の喜びはありません。

そして最後に、僕に声をかけてくれて本書の出版を後押ししてくれた担当編集者の佐藤美玲さんと日本実業出版社さんに感謝します。

これからも映画を〝体験〟してみてください！

2024年8月吉日

映画パーソナリティ／エンタメ評論家　**コトブキツカサ**

コトブキツカサ

1973年11月16日生まれ。静岡県富士宮市出身。1993年、和光大学・芸術学科に進学するため上京。学業と並行して芸能事務所に所属し、タレント活動を始める。2010年から映画を紹介する仕事を本格的に始め、テレビ、ラジオの出演や雑誌連載、国内外の映画祭の司会をはじめとする数々のメディアで活躍するほか、日本工学院にて「映画概論」の講師も経験。「映画パーソナリティ」として確固たる実績をあげている。

年間映画鑑賞数は約500本。インタビューした国内外の俳優は累計1,000人以上。毎年、アカデミー賞の取材を現地ハリウッドにて行っている。心理学を応用して編み出した「映画心理分析」（好きな映画でその人の心理を分析）や「映画処方箋」（その人の悩み事に合った映画を紹介）を行う「映画心理カウンセラー」の肩書きでも活動。ナチュラルエイト所属。

教養《きょうよう》として知《し》っておきたい映画《えいが》の世界《せかい》

2024年9月1日　初版発行
2024年10月10日　第2刷発行

著　者　コトブキツカサ

発行者　杉本淳一

発行所　株式会社日本実業出版社　東京都新宿区市谷本村町3−29 〒162-0845
編集部　☎03-3268-5651
営業部　☎03-3268-5161　振　替　00170−1−25349
https://www.njg.co.jp/

印刷／理想社　製本／若林製本

ISBN 978-4-534-06130-0　Printed in JAPAN